Kobold | Reinhard Mey. 100 Seiten

* Reclam 100 Seiten *

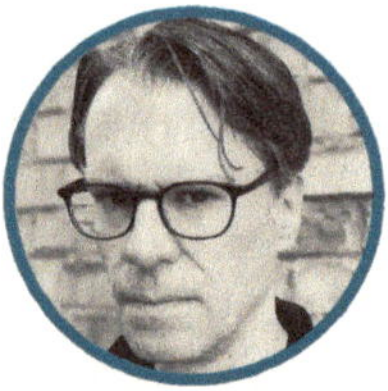

OLIVER KOBOLD, geb. 1970, ist Literaturwissenschaftler, Lektor und Autor zahlreicher Sachbücher. Als Co-Autor war er an den erfolgreichen Autobiographien von Wolfgang Niedecken und Heinz Rudolf Kunze beteiligt. Kobold lebt in Stuttgart und hat Reinhard Mey zum ersten Mal vor bald vier Jahrzehnten in der dortigen Liederhalle erlebt.

Oliver Kobold

Reinhard Mey. 100 Seiten

Reclam

Für Hilde Kobold – in Erinnerung an die vielen Nachmittage des gemeinsamen Hörens dieser Lieder

3., durchgesehene und aktualisierte Auflage

2022, 2024 Philipp Reclam jun. Verlag GmbH,
Siemensstraße 32, 71254 Ditzingen
info@reclam.de
Umschlaggestaltung: Philipp Reclam jun. Verlag GmbH
nach einem Konzept von zero-media.net, München
Vignetten (S. 80–82): annodare GmbH, Agentur für Marketing
Bildnachweis: S. 14: © IMAGO / Klaus Rose; S. 29: Wikimedia Commons; S. 44: Public Address Presseagentur, Stefan Hoyer & Karl Günter Rammoser; S. 53: © IMAGO / VISTAPRESS; S. 68, 77: © United Archives GmbH / Alamy Stock Photo; S. 85: © IMAGO / Eventpress; Autorenfoto: © Anne-Kathrin Schuster
Umschlagmaterial: Creative Print, Schabert
Druck und Bindung: Esser printSolutions GmbH,
Untere Sonnenstraße 5, 84030 Ergolding
Printed in Germany 2025
RECLAM ist eine eingetragene Marke
der Philipp Reclam jun. GmbH & Co. KG, Stuttgart
ISBN 978-3-15-020676-8
reclam.de

Für mehr Informationen zur 100-Seiten-Reihe:
reclam.de/100Seiten

Inhalt

»Die Mauern meiner Zeit« – Prolog

Ein Westernklavier, ein Banjo, und jemand ruft: »Nun fang schon an, Bill, und sing uns was!« Und Bill, der mit seiner Melone und seiner Fliege ganz und gar nicht wie ein Cowboy aussieht, hebt die Stimme und lässt sich nicht beirren vom Lärm der Karten spielenden und Bier trinkenden Männer im Saloon: »Das Lied, das ich heute singe, das ist / Einem gewidmet, den man nie vergisst. / Sein Name ist Lucky Luke, dieser Held / Jagt alle Schurken auf der ganzen Welt.«

Frühjahr 1978. Wir saßen in einem Kino in der Stuttgarter Innenstadt und sahen uns *Lucky Luke – Sein größter Trick* an, eine klapprige Nummernrevue von Comicfilm, aber das störte uns nicht. Wir waren sieben Jahre alt und in der zweiten Klasse, wir hatten uns lange auf diesen Nachmittag gefreut. Natürlich wussten wir nicht, dass man Bill, der mit immer neuen Strophen seines Lieds durch den Film führte wie ein aufmerksamer Conférencier, für die deutsche Synchronfassung mit der Stimme von Reinhard Mey bedacht hatte. Reinhard Mey? Der Name hätte uns nichts gesagt.

Erst bei der Arbeit an diesem Buch wurde mir der Kinobesuch aus der Grundschulzeit wieder lebendig. Als erste Begegnung mit der Stimme Reinhard Meys mag er gelten, als wirkli-

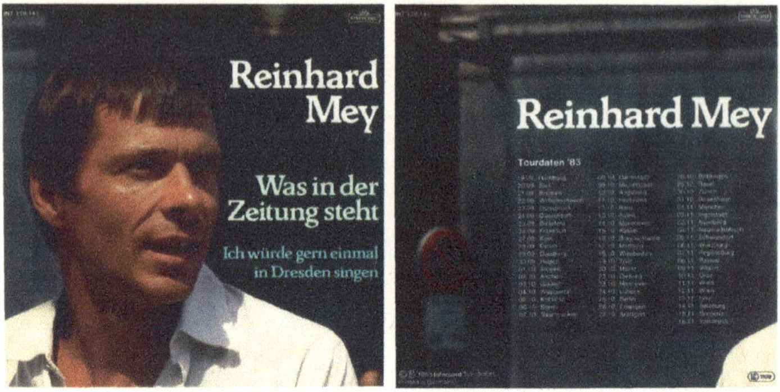

Single-Cover mit Tourdaten auf der Rückseite, 1983.

cher Beginn einer Beschäftigung mit dessen Liedern freilich nicht. Doch auch der lässt sich bestimmen, einem alten Singlecover mit den Daten der Tournee 1983 sei Dank. Am 27. Oktober 1983 spielte Reinhard Mey in der Stuttgarter Liederhalle, es war das erste Konzert von so vielen, die für mich noch folgen sollten am immer gleichen Ort. In der Erinnerung gleiten die einzelnen Auftritte ineinander, werden zu einer Art Verabredung, sich alle zwei, später alle drei Jahre im Herbst wiederzusehen. Bis heute tourt Reinhard Mey zu keiner anderen Jahreszeit.

In all der Zeit ist mir kaum je ein frei gebliebener Platz im Saal aufgefallen. Das Publikum hat immer auf Reinhard Mey gewartet. Es ist nicht nur in Stuttgart treu erschienen, ohne dass es dazu erst mühsam animiert werden musste. Eine Ankündigung, ein Plakat, vielleicht noch ein gut ausgewählter Talkshow-Auftritt im Vorfeld, das reichte aus, damit die Hallen voll wurden. Abseits der Tourneen bekam man Mey kaum zu Gesicht, schon gar nicht sah man ihn auf roten Teppichen oder an anderen Orten, wo Blitzlichter und Boulevardpresse lauerten.

Auf der asymmetrisch geschwungenen Tribüne der Liederhalle kam es mir dann stets so vor, als wäre die Zeit seit dem letzten Konzert nur für mich vergangen. Denn bei dem drahtigen, jungenhaft wirkenden Sänger mit dem Ring im linken Ohr schien sich – abgesehen von dem mal längeren, dann wieder raspelkurzen und irgendwann auch grauen Haar – kaum etwas geändert zu haben. Der kam jedes Mal aufs Neue pünktlich um acht im Laufschritt auf die Bühne gestürmt, als wäre ihm das Warten unerträglich geworden. Oder als müsste er den Dämonen des Lampenfiebers entkommen, die ihn schon seit dem frühen Nachmittag in der trostlos kargen Garderobe heimsuchten.

Obwohl es doch auf der Bühne gar nicht so viel anders aussah. Kein Vorhang, keine Projektionen, kaum buntes Licht. Farbe ins Spiel brachte allenfalls ein Blumenstrauß, den jemand aus dem Publikum nach oben reichte, noch eingepackt in Zellophan. Als einmal eine zweite Gitarre im Ständer zu sehen war, fühlte sich das schon seltsam an. Fast atmete man dann auf, als Mey sagte, er habe sie nur mitgebracht, »um nicht ganz so allein zu sein«. Angerührt hat er sie den ganzen Abend nicht. Ein Mann, eine Gitarre, dabei blieb es. Denn auch das gehörte zur Verabredung: keine Showmätzchen, kein Schnickschnack, kein Stargehabe.

Und keine Nostalgie. Alte, dem Publikum vertraute Lieder tauchten nur vereinzelt im Programm auf. Im Mittelpunkt stand, darauf konnte man sich verlassen, immer das Material der gerade aktuellen Studio-LP. Keine Zeit für ein Best-of-Programm. Erzählt werden sollte stattdessen lieber von dem, was sich in den letzten zwei Jahren ereignet hatte, im Hause Mey ebenso wie im Rest des Landes. Der nur unterbrochene, nie abgerissene Dialog mit dem Publikum musste schließlich fortgesetzt werden.

Wohl alle, die Reinhard Mey erst mit Verspätung für sich entdeckt haben, weil sie damals, Ende der 1960er, Anfang der 1970er Jahre, als seine Karriere Fahrt aufnahm, schlicht zu jung gewesen waren, werden das Phänomen kennen: Man kann diesen Liedern hinterherleben. Schulzeit, Kriegsdienstverweigerung, Liebe und Trennung; Alltagsirrsinn und Ausbruchsversuche; Gefühle des Alleinseins, aber auch der Rettung; der Trost des Trinkens und die Sehnsucht nach dem Haus am Meer; das Glück, die Liebe eines Kindes zu spüren, und der Schmerz, es viel zu schnell ins Erwachsensein entlassen zu müssen; der Abschied nach einer gemeinsam durchwachten Nacht; das Vergehen der Zeit und das Kostbarwerden der Erinnerung – all diese Erfahrungen und noch eine ganze Menge mehr hörte ich im Lauf der Jahre in den Liedern Reinhard Meys vorformuliert. Zwar konnte ich sie mir im Dunkel des jeweils gelebten Augenblicks noch nicht wirklich vorstellen, aber dann, zu gegebener Zeit, erkannte ich sie doch wieder, denn sie waren zu meinen eigenen geworden. »50! Was, jetzt schon?« Eben.

Funktionieren konnte und kann das nur, weil sich Meys Texte, so persönlich und privat sie einem beim ersten Hören oft auch verkommen mögen, immer umlegen lassen aufs Allgemeine, Existenzielle. Weil in ihnen das ganze Leben enthalten ist, und damit auch meines. Oder deines.

Es war also nicht die schlechteste Idee, Mey zu Bill, dem Saloon-Sänger in der Lucky-Luke-Verfilmung, zu machen. Die archetypische Rolle des Geschichtenerzählers mit Gitarre, der seine Zuhörer unterhält, zum Lachen bringt und oft genug auch zum Weinen – Mey verkörpert sie seit fast sechzig Jahren wie kein anderer in der deutschen Musiklandschaft. Weil sie sich ihrer Zeit nie ausgeliefert haben, haftet Meys Liedern etwas Zeitloses an. Man kann sich Mey als fahrenden Bänkelsänger vorstellen, der auf Marktplätzen des 17. Jahrhunderts seine Zuhörer mit Schauerballaden und Romanzen unterhält, oder auf der Bühne des »Chat Noir« auf dem Montmartre, dem ersten, 1881 eröffneten Pariser Cabaret, einer frühen Heimstatt des französischen Chansons. Auch Bezüge zu den bissigen, den Herrschenden mit spitzer Zunge die Leviten lesenden Kabarettliedern der Weimarer Republik ließen sich leicht herstellen. Weniger jedoch solche – und das unterscheidet Mey von vielen seiner Kollegen – zur amerikanischen Folkmusik, wie sie eingangs der 1960er Jahre ein Revival erlebte. Meys Blick ging eher nach Frankreich als ins New Yorker Greenwich Village, galt eher Georges Brassens als Bob Dylan.

Sich selbst hat Mey einmal in deutlicher Anlehnung an die deutsche Romantik als »Spielmann« bezeichnet. »Ich möcht als Spielmann reisen / Weit in die Welt hinaus, / Und singen meine Weisen, / Und geh'n von Haus zu Haus«, heißt es schon in Joseph von Eichendorffs Gedicht »In einem kühlen Grunde«. Mey verwandelt in seinem Lied von 2013 den Erlösungswunsch eines liebeskranken Jünglings in die Bilanz eines erfüllten Lebens: »Spielmann bin ich geworden, bin ein Stelzenläufer, / Gaukler bin ich, ein Seiltänzer, ein Taugenichts, / Vorsänger, Lautenschläger, bin ein Traumverkäufer, / Spielmann will ich sein bis zum Tag des Jüngsten Gerichts!« Ganz bestimmt wird Mey auch am Tag des Jüngsten Gerichts noch sein Publikum finden. Vorausgesetzt natürlich, der fällt in den Herbst.

Kaum überraschend fehlt im eben zitierten Katalog der Selbstbezeichnungen der »Liedermacher«. Beinahe alle, die es anging, fremdelten mit dem Begriff. Wolf Biermann behauptet seit Langem schon, ihn erfunden und geprägt zu haben in Analogie zu Brechts »Stückeschreiber«. Belegen lässt sich das freilich nicht, aber wer wollte sich schon mit Wolf Biermann anlegen? Dass der »Liedermacher« über die Jahrzehnte ein wenig in Verruf geraten ist, liegt an den Assoziationen, die das Wort bei vielen hervorruft: Moralaposteltum, Humorlosigkeit, Kirchentagatmosphäre. Was natürlich ziemlicher Quatsch ist und, wenn überhaupt, nur für die Randfiguren der Szene je gestimmt hat. Den relevanten unter den Liedermachern kam und kommt man mit solcher Oberflächlichkeit ohnehin nicht nah.

Höchste Zeit für eine Rehabilitierung des Liedermachers also. Und die klappt am besten, indem man den Begriff wieder auf das zurückführt, was Biermann mit ihm einmal zum Ausdruck bringen wollte: die handwerkliche Seite bei der Sache nämlich. »Ein Stück Musik von Hand gemacht«, um den Titel eines der bekanntesten Reinhard-Mey-Lieder zu zitieren. Darum geht es. Um individuelle Fertigung, weitab von jeder Routine. Um Subjektivität, das Einbringen der eigenen Gedanken und Gefühle. Und, vielleicht am wichtigsten: Wer die Texte und Melodien schreibt, singt sie auch selbst und beglaubigt sie bei Auftritten jedes Mal aufs Neue mit seiner Persönlichkeit. Weshalb in Frankreich auch von *Auteurs-compositeurs-interprètes* gesprochen wird, wenn von einigen der bedeutendsten Chansonniers die Rede ist. Als ich bei der Vorbereitung einer Textauswahl für Reclams Universal-Bibliothek Reinhard Mey nach dem Kompass frage, der ihn in all den Jahrzehnten Kurs halten ließ, hebt seine Antwort auf genau diesen Aspekt ab:

> Als ich mein erstes Lied schrieb, wusste ich genau, was ich wollte. Ich wollte schreiben und singen, was mich bewegte, was ich sah, was ich erlebte, meine Chronik mit meinen Worten und meinen Melodien. Ich wollte Lieder machen, die Einheit von Text und Musik. Und zu dieser Einheit gehörte für mich unabdingbar auch die Einheit von Werk und Urheber. Der Wille, für jedes Wort, jede Zeile einstehen zu können. Wenn du mit deinem Werk eins bist und du es mit bestem Wissen und Gewissen und reinen Herzens geschrieben hast, dann kannst du das Lob getrost annehmen und den Verriss mit einem Lächeln wegstecken, du hast dein Bestes gegeben, das mag nicht jedem gefallen, aber du bist mit dir im Reinen. Ich habe zudem einen großen Freiheitsdrang, und ich wollte auch vom ersten Lied an frei sein in dem, was und wie ich singe. Ich wollte frei sein vom Zeitgeist, von ideologischen Vorgaben. Ich wollte kein Image aufbauen, ich wollte sein, wie ich bin – frei. Mit diesem Kompass im Rucksack gehst du deinen Weg, da lässt dich kein Triumph überschnappen, und da schreckt dich kein finsteres Tal.

Nicht vom »finsteren Tal« aus Psalm 23, aber doch von »außergewöhnlichen, ja, schweren Zeiten« spricht Mey zu Beginn der Corona-Pandemie im Frühjahr 2020: »Wir sitzen diesmal alle in einem seeuntüchtigen Boot. Es gibt keine Flucht, nirgendwohin und für niemand.« Wie viele Musiker meldet sich auch Mey in den Monaten der wiederkehrenden Lockdowns mit sogenannten Wohnzimmerkonzerten aus der häuslichen Isolation. Und wie viele Musiker muss auch Mey miterleben, dass seine beruflichen Pläne vom Virus durchkreuzt werden. Zwischen dem ersten und dem letzten der während der Pandemie ins Netz gestellten Videos liegen über eineinhalb Jahre. In dieser Zeit veröffentlicht Mey sein Studioalbum *Das Haus an der Ampel*, das im Frühsommer 2020 den zweiten Platz in den Charts erreicht, kündigt voller Hoffnung die dazugehörige Tour für den Herbst 2021 an und muss sie schließlich doch absagen und um ein Jahr verschieben.

Beim Betrachten der Videos erinnert man sich wieder – denn man hat es tatsächlich schon beinahe vergessen oder erfolgreich verdrängt –, wie es sich angefühlt hat, einer neuen Bedrohung schutzlos ausgeliefert zu sein. Aber auch, dass für einen winzigen Augenblick gesellschaftlicher Zusammenhalt möglich schien, über alle ideologischen und sonstigen Gräben hinweg. Davon handeln die Lieder, die Mey für diese Wohnzimmerkonzerte ausgesucht hat. Ausgespart hat er aus nachvollziehbaren Gründen satirische Stücke wie »Ich bin Klempner von Beruf«, »Ankomme Freitag, den 13.«, »Ein Antrag auf Erteilung eines Antragformulars« und noch viele mehr – rasend schnell und mit lustvoll hochgezogener Augenbraue vorgetragene Silbengewitter voller Situationskomik.

Doch sonst ist alles da. Meys Lockdown-Auswahl umfasst Stücke aus achtunddreißig Jahren, aber wenn man es nicht weiß, merkt man es nicht, denn sie gehören alle zu ein und derselben Geschichte, für deren Inhalt man, ob man das nun will oder nicht, um die ganz großen Begriffe nicht herumkommt: Liebe. Trauer. Furcht. Abschied. Tod. Zuversicht. Daseinsfreude. Menschlichkeit.

»Tief aus meiner Ohnmacht und aus meiner Traurigkeit / Sprühe ich das Wort ›Hoffnung‹ auf die Mauern meiner Zeit«, singt Mey in seinem Arbeitszimmer unter dem Dach, ein Laptop vor sich und ein Mikrofon, auf dem Schreibtisch sieht man einmal ein Exemplar von Albert Camus' Roman *Die Pest*. Meys

Stimme hat sich mit den Jahren verändert, ist tiefer geworden, rauer, man würde sie dennoch zwischen allen anderen jederzeit heraushören. Unverkennbar bleiben die perfekte Artikulation und der sanfte Erzählton, der dafür Sorge trägt, dass sich alle mitgenommen fühlen. Andere Videos sind im Garten aufgenommen, mit den Jahreszeiten wechselt das Licht, und die Kleidung wird fester. In den Ästen hängen Lampions, sie wirken wie Überbleibsel von einem Fest, das die letzten Gäste gerade erst verlassen haben. Dazu passend singt Mey »So viele Sommer« und »Was will ich mehr«, beides Lieder aus neuester Zeit, die wie ein »wehmütiges Tasten am Jenseitsrand« wirken, um eine glückliche Formulierung Manfred Maurenbrechers zu gebrauchen: »Wie viele Sommer mag es noch geben?«

Vielleicht hatte Mey diese und die anderen Stücke für die geplanten und am Ende verschobenen Konzerte vorgesehen. Dass die Auswahl als Pfad durch das bis dahin achtundzwanzig Studio-LPs umfassende Gesamtwerk so gut funktioniert, liegt nicht zuletzt an ihrer thematischen Geschlossenheit. Es geht um Vergänglichkeit, das Knappwerden der Zeit und das Akzeptieren des Unvermeidlichen. »Nein, hadern dürfen wir nicht, / Doch wir dürfen weinen«, so endet »Lass nun ruhig los das Ruder«, das ergreifende Schlaf- und Abschiedslied für Maximilian, Reinhard und Hella Meys Sohn, der 2014 nach fünfjährigem Wachkoma verstorben ist.

In »Der Bär, der ein Bär bleiben wollte«, mit elf Minuten Meys bis heute längstes Stück, bleibt dem von den kapitalistischen Verhältnissen zugerichteten Individuum nur noch das Warten aufs erlösende Erfrieren im Schnee. Mey hat die ins Gewand einer Fabel gekleidete Kritik an einer viel zu oft heillosen Welt Mitte der 1970er Jahre in einem Kinderbuch gefunden.

Doch Mey wäre nicht Mey, dieser große Tröster in der deutschen Musik, wenn er dem Schmerz nicht den Mut an die Seite stellen würde. Es gibt Hoffnung, trotz alledem. »Und doch ist da ein Licht«, heißt es in »Die Mauern meiner Zeit«; »Unerreichbares erreichen, ja, ich kann's« im Martin Luther zitierenden »Mein Apfelbäumchen«. Manchmal, wie in »Alles ist gut«, hilft schon die Aussicht, zumindest eine Nacht lang des Tages Jammer entkommen zu können und in Sicherheit zu sein.

Und da ist »Über den Wolken«. Mey spielt das Lied unter freiem Himmel an einem Novembertag des Jahres 2020, der Wind fängt sich in den Blättern, und beim Zusehen meint man die kühl gewordene Luft zu spüren. Viel ist über dieses Stück geschrieben worden, mehr als über jedes andere in Meys Repertoire. Der Regisseur Christian Petzold hat es »das einzige gute deutsche Volkslied« genannt, weil »wir Deutschen nur über den Wolken frei atmen können, nicht auf Erden«. Und der Schriftsteller Hilmar Klute wollte Mey schon »allein für das Reimpaar Jacke/Luftaufsichtsbaracke [...] den Hölderlin-Preis geben«.

Dabei hat bei Erscheinen nichts darauf hingedeutet, dass man es mit einem zukünftigen Klassiker zu tun haben würde. Auf der LP *Wie vor Jahr und Tag* (1974) befindet sich »Über den Wolken« als zweites Stück auf der zweiten Seite. Lieder, von denen sich Künstler und Plattenfirma etwas versprachen, etwa Rundfunkeinsätze, positionierte man für gewöhnlich an prominenterer Stelle oder koppelte sie als Single aus. Was im Fall von »Über den Wolken« aber zunächst nur in Belgien geschah. In Deutschland setzte man lieber auf die Tourismus-Satire-Nummer »Mann aus Alemannia« und packte »Über den Wolken« auf die Rückseite.

Heute kommt es einem leicht so vor, als hätte man das Lied immer schon gekannt. Fast vergisst man, dass es gar nicht vom Fliegen selbst handelt, sondern nur von der Sehnsucht danach. Aber die Sehnsucht reicht schon, damit sich der Alltag für den, der den Flugzeugen nachsieht, mit neuer Faszination auflädt und in seinen Einzelheiten zu leuchten beginnt: das in den Pfützen schillernde Benzin, der in der Luftaufsichtsbaracke gekochte Kaffee, selbst der Regen, der die Jacke durchdringt.

Reinhard Mey hat »Über den Wolken« geschrieben, als er am Flugplatz von Wilhelmshaven mit dem Erwerb seiner Fluglizenz beschäftigt war. Die Worte haben den spezifischen Anlass längst hinter sich gelassen. Wenn man will, kann man in ihm auch eine politisch zu verstehende Freiheitshymne erkennen, wie es die Menschen in der DDR getan haben. Doch eigentlich ist es ein ›kleines‹ Lied, eine lyrische Momentaufnahme, detailreich und überaus konkret. Der Zauber, der von ihr ausgeht, hat sich bis heute nicht abgenutzt.

Dazu beigetragen hat sicherlich, dass »Über den Wolken« anders, als man denken sollte, beileibe nicht in jedem Konzertprogramm einen Platz auf der Setlist gefunden hat. Eine Zeitlang mussten jeweils volle zehn Jahre vergehen, bis es wieder so weit war. Davon ist Mey inzwischen abgekommen, wie er bei der Tournee 2017 seinem Publikum mitteilte: »Ich hatte ja an dieser Stelle vor drei Jahren großspurig erklärt, dass ich das Lied erst 2024 wieder singen würde. Aber was soll ich machen – ich hatte einfach Lust dazu! Und […] 2024 bin ich 82, und wir wollen es auch nicht übertreiben. Gehen wir vorsichtig an die Dinge heran!«

Vorsichtig, beinahe andächtig singt Reinhard Mey »Über den Wolken« auch an dem Tag im November 2020, kurz vor dem zweiten harten Lockdown. Am Ende zoomt die Handykamera seiner Frau auf das T-Shirt, das Mey unter der Kapuzenjacke trägt. Es stammt aus der Kollektion des Berliner Anarcho-Poppers Rummelsnuff und zeigt einen muskelbepackten Seemann, der Ausschau nach besseren Zeiten hält. Darunter steht: »Halt' durch!«

»Rechnet nicht mit mir beim Fahnenschwenken« – Anfänge auf der Burg Waldeck

Nur vor einem einzigen Auftritt in seiner Karriere habe er kein Lampenfieber verspürt, hat Reinhard Mey in Interviews gesagt: vor dem ersten wirklich wichtigen. Man kann sich diesen Auftritt heute noch anhören, drei Lieder, länger dauerte er wohl nicht. Eine spanische *Copla*, ein Chanson von Jacques Brel und die Vertonung einer Nonsensballade von Fritz Graßhoff – das war Meys Repertoire, damals, Mitte Mai 1964 auf der Burg Waldeck, beim ersten deutschen Open-Air-Festival überhaupt. Es stand unter dem Motto »Chanson Folklore International – Junge Europäer singen«. Das von Walter Breker gestaltete Ankündigungsplakat zierten zwitschernde Spatzen, gemacht aus Fingerabdrücken, wie sie Verdächtigen abgenommen werden. »Krämer, holt eure Habe rein, / die Butiken schließt ab, / Musikanten sind in der Stadt!«

Wobei es keine städtische Umgebung war, die die Musiker bei den Waldeck-Festivals vorfanden, sondern ein Idyll an der Mosel. Ein entlegenes Tal im Hunsrück mit Wald, sanft abfallenden Wiesen und die Ruine jener Burg, die der Veranstal-

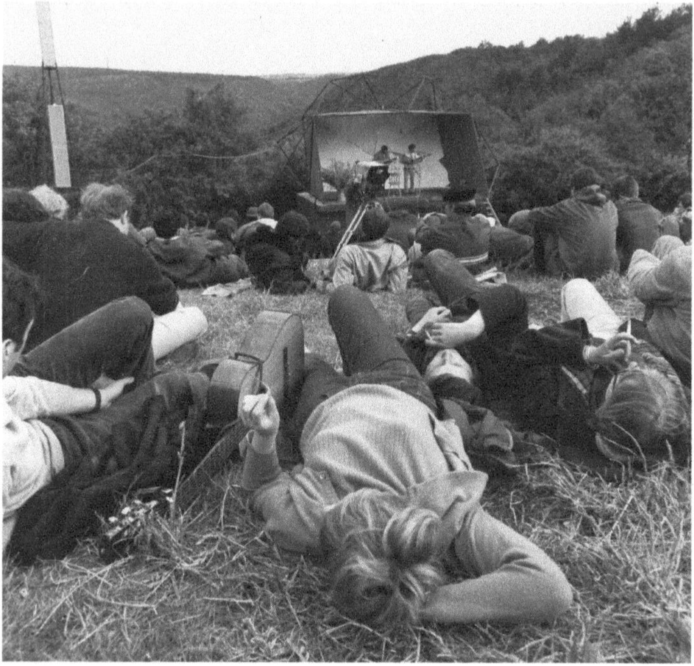

»Chanson Folklore International« auf der Burg Waldeck, 1966.

tung ihren Namen gab. Musik wurde vor allem in einer Art Amphitheater gemacht, aber auch überall sonst auf dem Gelände. Diskussionen und Workshops flankierten die Konzerte. Dreihundert, höchstens vierhundert Zuschauer sollen 1964 in den Hunsrück gekommen sein. Auf zeitgenössischen Fotografien sieht man sie entspannt im Gras sitzen, nach Einbruch der Dunkelheit wurden vor den Zelten und Jurten Lagerfeuer angezündet.

Schon früher hatten auf der Burg Waldeck Jugendgruppen wie die Nerother Wandervögel Volkslieder aus aller Herren Länder gesungen. An diese Weltoffenheit konnte das bewusst international ausgerichtete Festival nun anknüpfen. Einladungen ergingen nicht nur an Musiker aus dem europäischen Ausland, sondern, in späteren Jahren, auch nach Übersee. Gleichzeitig bemühte man sich um den deutschen Nachwuchs. Dem verhassten Schlager, der die Musikszene dominierte, sollte etwas Eigenständiges entgegengesetzt werden. Problem dabei: Das singbare Material war korrumpiert. Nach zwölf Jahren nationalsozialistischer Diktatur war dem deutschen Liedgut jede Unschuld abhandengekommen. »Tot sind unsre Lieder, / Unsre alten Lieder. / Lehrer haben sie zerbissen, / Kurzbehoste haben sie verklampft, / Braune Horden totgeschrien, / Stiefel in den Dreck gestampft.« Berühmte Zeilen, Franz Josef Degenhardt hat sie geschrieben.

Zwei Auswege blieben. Die Rückbesinnung auf lange verschüttete, genuin demokratische Liedtraditionen durch Interpreten wie die Brüder Hein & Oss Kröher. Oder neue Lieder zu schreiben, die auf die zunehmende Erstarrung der Verhältnisse im Wirtschaftswunderland reagierten. Keiner vermochte es besser als Franz Josef Degenhardt, der satten Republik ihre Lügen und Verdrängungen abzulauschen. Er war der Polarstern, an dem sich die nachwachsende deutsche Sängergeneration orientierte. Auch Reinhard Mey hat aus seiner Bewunderung insbesondere für Degenhardts Frühwerk nie einen Hehl gemacht. Noch 2013 erweist er ihm mit einer beklemmenden Coverversion von »Wölfe mitten im Mai« die Ehre.

Mit dem Auftritt auf der Burg Waldeck war Mey in gewisser Weise angekommen. Zum ersten Mal viele Zuhörer, zum ersten Mal die Ahnung, dass der Traum, das Leben ganz der Musik zu widmen, für den Jungen aus Berlin-Wilmersdorf vielleicht tatsächlich eines Tages wahr werden könnte.

Mey ist ein Kriegskind. Geboren wird er am 21. Dezember 1942 im Flur eines Berliner Krankenhauses, draußen fallen Bomben, die um vier Jahre ältere Schwester Christine ist bei entfernten Verwandten in Sicherheit. Bis der Vater aus der Gefangenschaft nach Hause kommt, wird der kleine Reinhard Friedrich Michael von den Frauen in der Familie aufgezogen, von der Mutter, der Tante und der Oma. Seine Kindheitslandschaft findet er in Schulzendorf und Frohnau und damit im beinahe ländlichen Norden Berlins, dort, wo die Straßen noch ungepflastert sind und die Sonne auf märkischen Sand fällt. »Eine glückliche Zeit aus bitt'ren Zeiten« wird Mey 1986 im seiner Mutter gewidmeten Lied »Das Foto vor mir auf dem Tisch« singen. Auch sonst geht im Werk der Blick immer wieder liebevoll zurück auf die Eltern – der Vater arbeitete beim Berliner Senat, die Mutter war Berufsschullehrerin – und auf ein Aufwachsen in Liebe, Toleranz und Freiheit.

Um den Eltern die Sorgen zu nehmen, absolviert Mey nach schwierigen Jahren in der Schule eine Lehre zum Industriekaufmann bei der Schering AG, einem großen Pharmaunternehmen. Das sich anschließende BWL-Studium an der Berliner TU betreibt er aber nur noch auf dem Papier. Sein Hauptinteresse gilt längst schon der Musik. Mit Wolfgang Schulz, genannt Schobert, und Christian Pechner bildet er ab 1961 Les Trois Affamés, was man mit »Die drei Hungerkünstler« übersetzen könnte, sicherlich ein passender Name angesichts karger Gagen in Berliner Clubs und Kabaretts. Das Trio besteht aus einem Bass und zwei Gitarren, Mey spielt eine davon. Beim Singen wechselt er sich mit Schulz ab. In Ermangelung eigener Texte stehen Gedichtvertonungen auf dem Programm. Die dafür geeigneten Texte werden bei Autoren abseits des Kanons gefunden, etwa beim schon erwähnten Fritz Graßhoff oder bei Georg von der Vring, dessen oft anrührend karge Kriegs- und Naturgedichte es Mey besonders angetan haben.

Die Einladung auf die Burg Waldeck gilt allen drei Hungerkünstlern, aber Pehnert hat keine Lust, und Schulz will lieber Zeit mit seiner Freundin verbringen. Erst 1966 wird auch er auf der Waldeck auftreten, dann als Teil des Duos Schobert & Black. Mey muss es alleine richten. Er nutzt seine Chance und gehört auch in den folgenden Jahren regelmäßig zum Line-up.

Noch heißen die Stars Franz Josef Degenhardt, Dieter Süverkrüp oder Hanns Dieter Hüsch. Ihre Konzerte stehen im Mittelpunkt des Festivals, doch immer mehr neue Künstler drängen nach. Bislang hielten sie sich für Einzelkämpfer, nun erkennen sie plötzlich, dass sie nicht alleine sind in dem, was sie tun. 1966 stößt Hannes Wader aus Bielefeld dazu, ein großer, hagerer, virtuos Gitarre spielender Mann mit Baskenmütze, in dessen Lieder sich Mey auf Anhieb verliebt. Der harte Kern der Szene hat sich gefunden. Glaubt man den Beteiligten, waren es unbeschwerte, von großer Kollegialität geprägte Jahre: »Wir saßen alle unter einem Dach / In einem Zelt / Auf einer Wiese / Freundschaft« (Hanns Dieter Hüsch).

Von Mal zu Mal steigen die Zuschauerzahlen auf der Waldeck. Auch Verleger und Plattenfirmen lassen sich im Hunsrück sehen und halten Ausschau nach vielversprechenden Talenten. Für die Polydor darf Mey eine Single aufnehmen, produziert wird sie von Joe Menke, und zwar in dessen später durch ein Lied der Countryband Truck Stop berühmt gewordenem Studio in Maschen, gleich bei der Autobahn. Wer auch immer auf die Idee gekommen ist, Mey eine deutsche Coverversion des Donovan-Hits »Catch the Wind« aufnehmen und damit auf den anglo-amerikanischen Folk-Zug aufspringen zu lassen, er hat nur sehr wenig vom Potenzial und den musikalischen Vorlieben des jungen Sängers begriffen. Selbst Produzent und Plattenfirma bringen dem Projekt kaum Interesse entgegen, anders lässt sich die gleich doppelt falsche Schreibweise auf dem Cover nicht erklären. »Geh und fang den Wind« und das Volkslied »Drei Lilien« auf der B-Seite werden gesungen von einem gewissen »Rainer May«. Die Single bleibt ohne nennenswerte Resonanz.

Deutlich mehr Gewicht haben da schon die zwei 7-inch-EPs mit insgesamt neun Stücken, die der Voggenreiter Verlag 1966 auf Xenophon veröffentlicht: »Reinhard Mey singt Songs, Bänkellieder, Balladen«. Und zwar, wohlgemerkt, zum überwiegenden Teil selbst geschriebene. Darunter befindet sich das wehmütige »Die drei Musketiere«, eine Erinnerung an Les Trois Affamés: »Ich denk' oft dran, wie's war, wenn wir beisammen saßen, / Mit Illusionen hatten wir den Tisch gedeckt ...« Zum nicht auf den EPs enthaltenen, aber ebenfalls schon früh auf der Burg Waldeck gespielten Lied »Hauptbahnhof Hamm« wird Mey von keinem Geringeren als Franz Josef Degenhardt beglückwünscht. Mit Recht. Wie Mey da mit wenigen Strichen ein nächtliches Stimmungsbild zwischen ziehendem Fernweh und dem Gestrandetsein im Wartesaal zeichnet, das weist voraus auf spätere Großtaten.

Bis in die Anthologie »Linke Lieder« schließlich schafft es das Stück »Vertreterbesuch«, in dem der Kauf eines Globusses auf das damals wohl unendlich fern scheinende Jahr 2003 verschoben wird, »weil mir niemand garantiert, / Dass nicht morgen ein Verrückter ganze Städte ausradiert!« Mey spielt »Vertreterbesuch« 1966 auch auf der Burg Waldeck, nicht ohne vor-

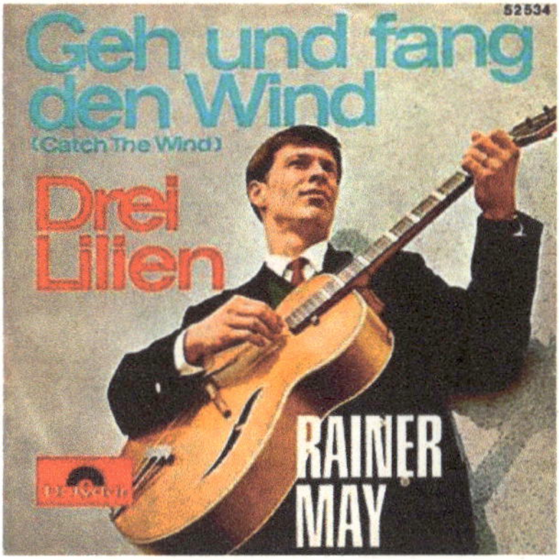

Single-Veröffentlichung von »Rainer May«, 1965.

her eine Warnung ans mehr und mehr politisierte Publikum auszusprechen: »Mein erstes Lied ist engagiert – engagiert aber nur mich selbst.« Als ob er geahnt hätte, wohin die Reise bald schon gehen würde.

Bereits zwei Jahre später, im Juni 1968, gerät jeder, der auf der Waldeck seine Lieder nicht der politischen Agitation ausliefert, unter Generalverdacht. Radikale linke Gruppen erklären das Festival kurzerhand zu einem Zentrum des internationalen Widerstands. Wer noch Musik machen will, wird als »singender Fachidiot« abgestempelt, der mit seinen Liedern den Beginn der Weltrevolution nur unnötig verschleppt. »Stellt die Gitarren in die Ecke und diskutiert«, lautet noch eine der harmloseren Forderungen, mit denen sich die Künstler auseinandersetzen müssen. Franz Josef Degenhardt und Walter Mossmann beenden ihre Konzerte freiwillig schon nach wenigen Minuten, damit noch genug Zeit bleibt, sich von den Wortführern der Bewegung zu Inhalt und Form ihrer Lieder befragen zu lassen. Der leise, so scharfsinnige Hanns Dieter Hüsch ist für derartige Schauprozesse nicht gemacht. Er bricht seinen Auftritt ab und geht resigniert von der Bühne. »Starallüren«, ruft man ihm hämisch hinterher. Dabei hätte es doch wahrlich Grund genug gegeben, angesichts der politischen Großwetterlage – Vietnam, Springer, Attentat auf Dutschke, Große Koalition, Notstandsgesetze, Aufarbeitung der NS-Vergangenheit – alle vorhandenen Kräfte zu bündeln, anstatt fanatisch Sektierertum zu betreiben.

Und Reinhard Mey? Die Kritik an seinem Auftritt entzündet sich vor allem an »Und für mein Mädchen«, einem beseelten Liebeslied, in dem für die Angebetete kein Opfer zu groß scheint: »Ich würde für ihre Liebe / Gendarm oder Soldat / Und würde im Getriebe / Des Staats ein kleines Rad / Und ein Kapazitätchen – / Ich würd es für mein Mädchen.« Ob Mey tatsächlich, wie es die Legende will, von der Bühne gedrängt wurde, darüber gehen die Meinungen auseinander. In Teilen überliefert aber ist die Diskussion, die sich an seinem Auftritt entzündet hat.

Rolf Schwendter, ein selbsternannter Subkulturforscher aus Österreich, äfft Mey nach, gibt den Oskar Matzerath und schlägt zu seiner grässlich zersungenen Parodie von »Und für mein Mädchen« arrhythmisch auf eine Kindertrommel. »Denunzieren eines in seiner privatistischen Fixierung reaktionären Texts«, heißt so etwas dann hinterher im Szenejargon. Mey lässt sich davon nicht beirren und bleibt schlagfertig: »Ich finde, ich sollte für Herrn Quendler [sic!] noch andere Lieder schreiben. Ich füge mich der Repression meines Mädchens, ist da was dabei?« Über fünfzig Jahre später blickt er noch einmal zurück auf diesen Moment:

Meine Eltern haben mich in Drachenblut gebadet und mir Vertrauen und Liebe mitgegeben und mich unverwundbar gemacht, immun gegen Neid, Häme und Schmähungen. Da hat mich jemand gebraucht, um sich seine fünfzehn Minuten Ruhm zu besorgen, sie seien ihm gegönnt.

The day the music died: Zwar statten Mey, Wader und Degenhardt im darauffolgenden Jahr der Waldeck noch einmal einen Besuch ab, aber der Zauber ist verflogen. »Arbeitstreffen mit Musik- und Theaterbeispielen«, so nennt sich nunmehr das Festival, das so viel für die Entwicklung des neuen deutschen Lieds getan hat, und degradiert die Sänger damit von vornherein zu Statisten bei einer politischen Veranstaltung. Schon 1970 gibt es keine Neuauflage mehr.

Mey verarbeitet das Erlebte auf seine Weise. Er schreibt Lieder darüber. Bis sie erscheinen, dauert es ein bisschen, aber als man die LP *Mein achtel Lorbeerblatt* im Jahr 1972 dann hören konnte, dürfte rasch klargeworden sein, worauf sich Stücke wie der Titelsong bezogen: »Mit großer Freude sägen / Die einen an meinem Ast, / Die andern sind noch am Überlegen, / Was ihnen an mir nicht passt, / Doch was immer ich tun würde, / Ihre Gunst hätt ich schon verpatzt, / Also tu ich, was ein Baum tun würde, / Wenn ein Schwein sich an ihm kratzt«.

Noch deutlicher wird »Bevor ich mit den Wölfen heule«, in dem Mey allen Versuchen einer wie auch immer gearteten politischen Vereinnahmung seiner Lieder oder seiner Person eine Absage erteilt: »Rechnet nicht mit mir beim Fahnenschwenken, / Ganz gleich, welcher Farbe sie auch seien. / Ich bin noch imstand, allein zu denken, / Und verkneif mir das Parolenschreien«. Drei Jahre, nachdem Franz Josef Degenhardt »Zwischentöne sind bloß Krampf / Im Klassenkampf« verkündet hat, lehnt Mey es ab, ebendiese Zwischentöne und damit die Poesie zugunsten politischer Parolen preiszugeben: »Und es passt, was ich mir denke, / Auch wenn ich mich sehr beschränke, / Nicht auf einen Knopf an meiner Brust«. Ein Beharren auf Unabhängigkeit, das spätere LP-Titel wie *Alleingang* (1986) oder *Einhandsegler* (2000) immer wieder bekräftigen werden.

Wer 1968 und in den unmittelbar folgenden Jahren das platte politische Bekenntnis verweigert, dem wird schnell kommerzieller Ausverkauf vorgeworfen, Harmlosigkeit und ein unstatthafter Rückzug aus der Gesellschaft. Erst recht, wenn er mehr Erfolg beim Publikum vorzuweisen hat als die meisten seiner Kollegen. Dass Mey in dieser Zeit einen Porsche 911 fährt, dürfte das Empörungslevel in der Szene nur noch weiter nach oben getrieben haben.

Vielleicht auch deshalb reicht Mey 1972 seinen Beitrag zur deutschen Vorentscheidung zum Grand Prix Eurovision de la Chanson unter einem Pseudonym ein. Die Jury von *Ein Lied für Edinburgh* sollte erst gar nicht in Versuchung kommen, eventuelle Vorurteile zu pflegen. Offiziell heißt der Autor und Komponist von »Gute Nacht, Freunde« deshalb bis heute Alfons Yondraschek. Das Folk-Duo Inga und Wolf tritt mit dem Song an und belegt den vierten Platz, Mary Roos gewinnt. Es war wohl auch ein bisschen viel Querflöten-Weihe für ein Lied, das doch eigentlich von Abschied und einem letzten Glas im Stehen handelt.

Über Meys vermeintlich »idyllische Lebensphilosophie« schreibt im Oktober 1971 auch der *Spiegel*. So wird ein erstaunlich langlebiges Image etabliert. »Wir alle tragen unser Etikett, / Mir hat man eines angeheftet, darauf steht: Der Kerl ist nett«, singt Mey noch 1992 in »Das Etikett«. Und weiter, fast trotzig: »Also, sicher bin ich nett, aber auch fies und gemein!«

Woran eigentlich spätestens seit »Annabelle, ach, Annabelle« von 1972 niemand mehr hätte zweifeln dürfen.

Es ist Meys mit Abstand am kontroversesten diskutiertes Stück. Ein Lied, »mit dem ich mir einen Haufen Ärger gemacht habe, aber auch einen Haufen Spaß«, bekennt er 2005 vor Publikum. Der Ärger kam von links. Dort reagierte man fassungslos auf die in Überschallgeschwindigkeit dargebotene Verballhornung modisch-revolutionären Vokabulars. Mey hatte nichts ausgelassen. Die »Bewusstseinserweiterung« kam im Text ebenso vor wie der »passiv-kulinarische Genuss«, der »Diskussionsabend«, das »korrupte Spießerschwein«, der »Konsumterror« und die »kranke Bourgeoisie«. In sieben Strophen und immer absurderen Wendungen verspricht das männliche Ich, allen schlechten Gewohnheiten abzuschwören und von nun an ein Leben ganz nach dem Willen der titelgebenden Dame zu führen. »Ich bitte dich, komm sei so gut, / Mach meine heile Welt kaputt!«, singt der Liedermacher, dem man das Singen von Heile-Welt-Liedern vorhält. Dazu erklingt perfiderweise auch noch Slapstick-Musik wie aus einem Stummfilm.

»Annabelle, ach, Annabelle« ist Satire, gnadenlos überzeichnet, haarsträubend, grimmig – und lustig. Aber vor allem, eigentlich unüberhörbar, virtuose Rollenlyrik. Den schäumenden Kritikern waren solche Feinheiten egal. Die packten das ganz große Besteck aus, um mit dem Lied auch gleich seinen Urheber zu erledigen: »Von der Annabelle, die nie lacht, zum Russen mit dem Messer zwischen den Zähnen ist es nur ein Schritt. Mey betreibt mit ›Annabelle‹ Hexenjagd in Chanson-Form.«

Heute muten solche Sätze wie Relikte aus einer untergegangenen Welt an. Mey gilt längst als ein Ahnherr jener alles

Machohafte abstreifenden »neuen Männer« und auch Väter, nach denen Ina Deter und mit ihr eine ganze Frauengeneration einst Ausschau gehalten haben. Darin ist er immer Achtundsechziger geblieben. Und auch die alte Fehde mit Annabelle ist schon seit fünfundzwanzig Jahren beigelegt. Im Folgesong »Der Biker« von 1998 reichen sich die Gegner von einst die Hand: »Eigentlich standen wir beide auf derselben Seite, / Eigentlich waren wir beide aus demselben Holz«. Im Konzert trägt Mey bei diesem Stück schon mal Statistiken zum Gender-Pay-Gap vor. »Ach, Annabelle, es bleibt noch so viel zu tun.«

»Douce France« – Erfolge in Frankreich

Reinhard Mey konnte auch deshalb im Juni 1968 so gelassen mit den Störaktionen auf der Burg Waldeck umgehen, weil er wusste, dass man ihn woanders mit offeneren Armen und wacherem Geist empfangen würde, in Schweizer Folkclubs beispielsweise. Ganz besonders aber in Frankreich, wo man ihn gerade erst für sein französischsprachiges Debütalbum mit dem »Prix International« der Académie de la Chanson ausgezeichnet hatte.

Diese besondere deutsch-französische Erfolgsgeschichte beginnt in Belgien. Auf Einladung des Süddeutschen Rundfunks geht Mey 1967 beim renommierten Songfestival in Knokke für Deutschland an den Start. Große Bühne für einen Newcomer. Am Wettbewerb im Casino, direkt an der Strandpromenade mit ihrem hellen, wie asphaltiert wirkenden Sand, haben in der Vergangenheit schon Udo Jürgens, Barbara oder Jean Ferrat teilgenommen.

Mey tritt im Smoking auf, hinter sich ein großes Orchester. Eigens für den Anlass hat er zwei Lieder ins Französische übersetzt. Aus »Das alles war ich ohne dich« wird »Il me suffit de ton amour«, und Hannes Waders leichtherzige Großstadtszene »Begegnung« scheint schon vom Titel gut zu passen, als Beitrag zur Völkerverständigung: »Rencontre«. Dass am Ende die Briten rund um Roger Whittaker den Sieg davontragen; dass in diesem Teil Belgiens die Menschen zudem eher Flämisch als Französisch sprechen – geschenkt. Es genügt ja, dass ein einziger Franzose im Saal hellhörig wird, zumal wenn es, wie Nicolas Pérides, ein Plattenproduzent ist. Mit ihm wird Mey nur kurze Zeit später ein erstes französischsprachiges Album aufnehmen. Das dabei zum Einsatz kommende Equipment umfasst nicht viel mehr als ein Mikrofon und ein simples Tonbandgerät. Der Académie gefällt das Ergebnis trotzdem. Auf der Platte befinden sich auch vier Stücke, von denen bis heute keine deutsche Version erschienen ist, darunter »Christine«, Meys Lied für seine erste Ehefrau, eine Französin. Die Ehe wird 1976 geschieden und bleibt kinderlos.

In Frankreich akzeptieren die Menschen Mey von Beginn an, wohl auch, weil sie spüren, dass da einer eine tiefe Liebe zu ihrem Land hegt: »Manchmal, wenn ich an mir leide, dann machst du mich wieder heil, / Von meiner schweren, dunklen Seele bist du der helle, der federleichte Teil«, singt Mey noch 2004 in »Douce France«. Es ist die Bilanz seiner Gewissheit, jenseits des Rheins ein zweites, vor allem geistiges Zuhause gefunden zu haben.

Bereits Meys Eltern waren mit einem französischen Lehrer-Ehepaar befreundet. Auch der Krieg konnte dieser Verbindung nichts anhaben, er verstärkte eher den Willen, später selbst einen Beitrag zur Wiederannäherung der beiden Länder zu leisten. Mey wächst praktisch zweisprachig auf. Nach der Grundschule besucht er ein französisches Gymnasium, das Baccalauréat besteht er 1963 noch vor dem deutschen Abitur. Zu dieser Zeit ist ihm Frankreich schon von mehreren Aufenthalten als Austauschschüler vertraut. Die Gastfamilien wohnen in Paris oder Lyon oder, wie das Lehrer-Ehepaar, in der Ardèche. Reisen darf er auf eigenen Wunsch stets unbegleitet, die Eltern erlauben es, auch wenn es ihnen schwergefallen sein dürfte, ihr elfjähriges Kind allein mit dem Zug von Berlin nach Paris fahren zu lassen. Von diesem entscheidenden Moment des ersten Ankommens erzählt »Douce France« ebenfalls: Wie das Heimweh, das den Jungen nach dem Aussteigen am Gare de l'Est befällt, von dem berauschenden Gefühl abgelöst wird, willkommen zu sein.

Die Prägung durch die französischen Chansons wird für ein Leben halten. Kein anderer Einfluss auf Meys Schreiben kommt diesem gleich. Mey geht bei den großen *Auteurs-compositeurs-interprètes* in die Schule und überführt das Gelernte anschließend ins Individuelle. Was er zum Chanson schreibt, charakterisiert auch seine eigenen Lieder:

> Das Chanson verlangt zuallererst Authentizität. Dann erzählt es eine Geschichte, wahr oder erdichtet, ernst, satirisch, melancholisch, tragisch oder lustig, es gewährt eine durch nichts begrenzte Themenvielfalt – so wie das Leben. Für mich ist ein Chanson ein gutes Theaterstück in fünf Minuten.

Alles kann Inhalt werden. Vorausgesetzt, man schaut genau genug hin und bewahrt sich einen Blick für die oft verborgene Schönheit des Alltäglichen, zu der auch ein ganz normales Glas Milch zählen kann. Mey hat dieses Beispiel oft zitiert, gemeint war möglicherweise Charles Trenets Stück »Débit de l'eau, débit de lait«. Trenet war ein Meister darin, der Welt ihr Geheimnis zurückzugeben, und sang ebenfalls von »Douce France«, vom holden Frankreich, dem Paradies seiner Kindheit und Jugend. »Ohne ihn wären wir alle Buchhalter geworden«, schrieb Jacques Brel. Oder Industriekaufmann bei einem großen Pharmaunternehmen in Berlin-Wedding …

Auch Brel kann man sicherlich zu Reinhard Meys Gewährsmännern zählen. Nicht unbedingt, was das körperliche Verausgaben auf der Bühne, die großen, exaltierten Gesten betrifft. Aber doch in seiner Ablehnung von Heilslehren aller Art, von Bequemlichkeit und Herdentrieb. Wie ja überhaupt die Chansons die Außenseiter den Etablierten vorziehen. Ihre Welt ist die Spelunke, nicht der Festsaal. »Mädchen in den Schänken« heißt denn auch eine der allerersten Aufnahmen von Reinhard Mey. Ihr französischer Originaltext stammt aus dem 15. Jahrhundert und von François Villon, der die »Morgengrauen-Gesellschaft« der Trinker, Bettler, Bauern, Strauchdiebe und leichten Mädchen hingebungsvoll beschrieben hat. Aus dieser Gesellschaft rekrutieren viele Chansons und auch einige Stücke aus Meys Frühwerk ihr Personal.

Zum größten, seltsamerweise jedoch nie gecoverten oder übersetzten Vorbild wird Georges Brassens:

> Ich habe sie alle geliebt und liebe sie noch immer, aber allen voran war Georges Brassens mein Lehrmeister im Leben wie im Schaffen. Ein unbestechlicher Beobachter, ein Freigeist, ein Menschenfreund, der uns die wunderbarsten Chansons geschenkt hat. So grade und redlich wollte ich mein Leben leben, so leidenschaftlich wollte ich schreiben und singen.

Wichtiger noch als die konkreten Inhalte von Brassens' zur Gitarre gesungenen Liedern ist die Haltung, die in ihnen aufscheint: das Eintreten für Menschlichkeit und die Solidarität

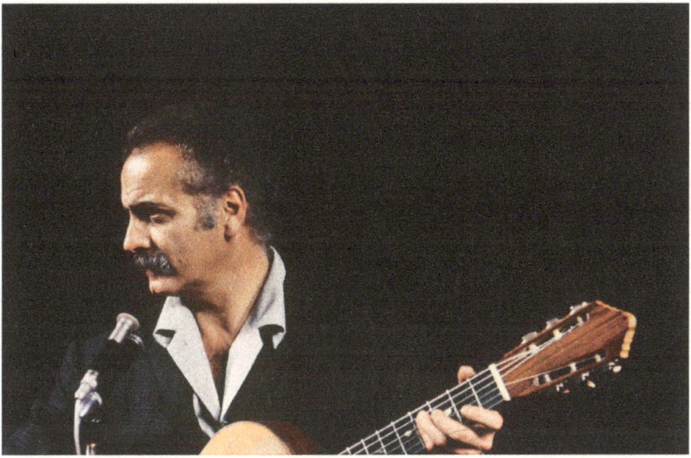

Georges Brassens, 1966.

mit den vom Schicksal Benachteiligten, gepaart mit der Ablehnung von Unehrlichkeit und Arroganz sowie der Verachtung für Bestechlichkeit und Gier. Zeit seines Lebens blieb Brassens der große Nonkonformist des französischen Chansons, der sich wenig bis nichts um die Gebräuche des Showgeschäfts scherte. Wie nebenbei demonstrierte er zudem, dass es gelingen kann, in diesem Beruf in Würde alt zu werden. Auch darin ist Reinhard Mey seinem Lehrmeister gefolgt.

Bis 1982 erscheinen insgesamt sechs französischspachige, von Nicolas Pérides produzierte LPs. Mey erhält weitere Preise und gastiert, teilweise über Wochen, in den Pariser Tempeln des Chansons, im Olympia, im Bobino oder im Théâtre de la Ville. Selbst Schulbücher enthalten seine Texte. Diese veritable Nebenkarriere endet erst, als Mey nach der Geburt seiner beiden ersten Kinder nicht mehr die Zeit findet, weiterhin zweisprachig unterwegs zu sein. Das »Babyjahr« dauert bis 2005, erst dann wird noch einmal ein französisches Album veröffentlicht, wie alle zuvor auch dieses unter dem Namen Frederik Mey. Die Entscheidung gegen den für französische Zungen nur schwer auszusprechenden »Reinhard« war bereits Ende der 1960er Jahre gefallen. Auch das französische Gegenstück drängte sich nicht gerade auf, klang »Renauld« doch für sich allein wie eine Automarke und zusammen mit dem Nachnamen wie »Renommée«. Dabei wollte der Ruhm doch erst erworben sein. Also Frederik. Und auf manchem Albumcover auch Frédérik.

Für seine eigenen Texte französische Entsprechungen zu finden stellt Mey vor keine großen Probleme. Das französische Reimlexikon hat im Gegensatz zum deutschen Telefonbuch-Ausmaße. Alles scheint sich mit allem zu reimen, alles fließt sanft und elegant. Das wird jedem, der einmal erst die deutsche und dann die französische Fassung eines Lieds von Reinhard Mey gehört hat, aufgefallen sein: Wie sich nicht unbedingt der Inhalt, aber doch der Charakter des Gesungenen durch die Übertragung ändert – vom Kantigen ins Weiche, vom überaus Präzisen ins oft nur Andeutende. Auch umgekehrt funktioniert der Sprachtransfer. Für Kollegen übersetzt Mey in diesen Jahren Texte aus dem Französischen, für Salvatore Adamo etwa oder Gilbert Bécaud. Dessen Hit »Je t'appartiens« heißt im Deutschen dann »Ich gehör' dir«, womit Mey deutlich näher am Original bleibt als die Everly Brothers mit ihrem »Let It Be Me«.

Nicht zu vergleichen mit Meys durchweg gelungenen französischen Alben ist der frühe Versuch, auch auf dem englischsprachigen Markt Fuß zu fassen. *One Vote for Tomorrow* heißt eine bereits 1970 erscheinende Platte mit vierzehn von fremder Hand übersetzten Titeln. Ein misslungenes Experiment. Mey quält sich durch die Lieder, die Sprache liegt ihm nicht recht, noch dazu holpern die englischen Texte. »I'll Sing to You Like Orpheus« blieb eine sich nicht erfüllende Prophezeiung.

Anders verhielt es sich mit den von verschiedenen Autoren angefertigten und durchaus charmanten Übertragungen ins Niederländische. Sie erschienen Mitte der 1970er Jahre auf zwei LPs verteilt, von denen die erste, *Als de dag van toen*, im Nachbarland mit Platin ausgezeichnet wurde – bis 1989 und zum Benefiz-Sampler *Mein Apfelbäumchen* Meys einzige Platinplatte überhaupt. Nicht fehlen darf in diesem Zusammenhang auch der Verweis auf die Nachrichtensendung *Met het oog op morgen*, die täglich zwischen 23 Uhr und Mitternacht im niederländischen Rundfunk zu hören ist. Seit der ersten Ausstrahlung 1976, so lautet die Legende, beginne und schließe die Sendung mit »Gute Nacht, Freunde«. Aber kurioserweise nicht mit der niederländischen Version »Goede Nacht Vrienden«, sondern mit dem deutschen Original. Ein nachprüfendes Hören ergibt: Es stimmt tatsächlich. Auch 2022 beenden die Niederländer ihren Tag noch immer mit Reinhard Mey. Nun schon seit weit über vier Jahrzehnten.

»Gib mir Musik!« – Die Platten

Im Gegensatz zu Meys deutschen Veröffentlichungen bleiben die sieben französischsprachigen Alben titellos. Auseinanderhalten lassen sie sich nur anhand der fortlaufenden Nummerierung und des extravaganten Artworks. Inszenieren *Vol. 1* (1968) und *Vol. 2* (1972) den Troubadour noch vor mittelalterlicher Kopfsteinpflasterkulisse oder hoch zu Ross in winterlicher Landschaft, übernimmt ab *Vol. 3* (1974) die Pop-Art. Heinz Edelmanns Illustrationen für den Beatles-Film *Yellow Submarine* lassen grüßen, wenn sich weiße Akustikgitarren zu einem Gebirge türmen oder das Personal aus Meys Liedern als Comicfiguren die Plattenhüllen bevölkert: der Bär, der Aktenbote, der Jäger, der schlafende Hund, das Kind in der Wiege.

Dabei geht doch gerade Frederik Meys Musik alles Grelle ab. Nicht einmal die üppigen Arrangements der deutschen LPs werden für den französischen Markt übernommen. Bis *Vol. 5* (1979) handelt es sich durchweg um Neueinspielungen. Gastmusiker treten nur vereinzelt und äußerst dezent in Erscheinung, Orchester oder Chöre gar nicht. Das französische Publikum bekommt die Lieder auch auf Platte so *stripped* präsentiert, wie Mey sie ansonsten nur im Konzert spielt. Daher sind diese Alben auch viel mehr als nur eine Fußnote zum deut-

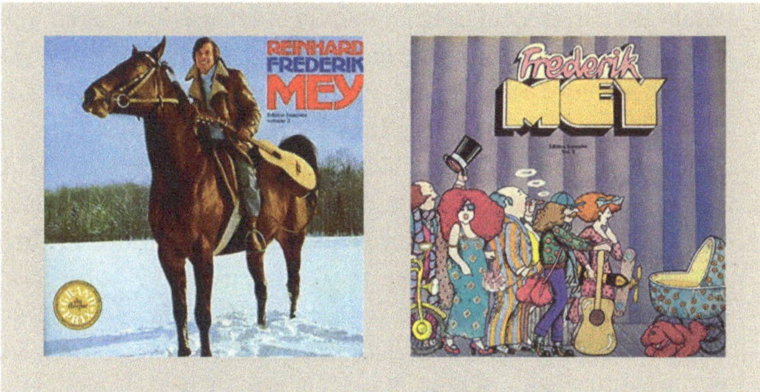

Die Cover der Edition Française Vol. 2 und Vol. 5, 1972 und 1979.

schen Hauptwerk. Jeder, der sie hört und sich im Französischen nicht unbedingt zu Hause fühlt, wird merken, wie sich die Aufmerksamkeit, die bei Meys Liedern eigentlich immer zuerst den Worten gilt, auf die Ebene der Musik verschiebt. An der Sprachbarriere mag das Verständnis der Texte scheitern, die volksliedhafte und viel zu selten gewürdigte Schönheit vieler Melodien tritt dadurch aber nur umso deutlicher hervor. Ein verblüffender Effekt, der einen davor bewahrt, den Textdichter Reinhard Mey absolut zu setzen.

> Text und Musik gehen für mich eine unlösbare Verbindung ein, sind ebenbürtig, ergänzen sich, geben einander Kraft, und wenn sie gut zusammenpassen, schwingen sie sich zusammen zu Höhenflügen auf, die das eine ohne das andere nie erreichen kann. Ich liebe Gedichte, und ich liebe Musik, aber erst beides vereint hat den größten Zauber und vermag Verstand und Gefühl gleichermaßen zu erreichen.

Dass sich dieser Zauber bei den ersten deutschsprachigen LPs nicht durchgängig einstellt, liegt weniger am Liedmaterial als an der Art und Weise, wie es arrangiert und produziert ist. Den frühen Veröffentlichungen haftet noch etwas Unentschlossenes an. Produzent Walther Richter schien sich nicht recht entscheiden zu können, ob er Mey als traditionsbewussten Chansonnier, gehobenen Schlagersänger oder doch lieber als kritischen Liedermacher präsentieren wollte. Mey war Richter Mitte der 1960er Jahre in den Berliner Hansa Studios beim Aufnehmen eines Playbacks begegnet. Sehr viel mehr an Information lässt sich über diesen für Meys Karriere so wichtigen Mann nicht finden. Richter bleibt eine ferne, etwas rätselhafte Figur. Einen »Schlagerproduzenten alter Schule« hat ihn Hannes Wader einmal genannt, einen, der »das kommerzielle Potential, das in unseren – damals völlig neuartig erscheinenden – Songs schlummert[e], zu wittern imstande« war. Später wird sich Richter zwar nicht um Hannes Wader kümmern, doch dafür um Ulrich Roski, Inga & Wolf, Schobert & Black und Joana. Mit keinem aber arbeitet Richter länger und erfolgreicher zusammen als mit Reinhard Mey. Bis zu Richters Tod Mitte der 1980er Jahre nehmen die beiden insgesamt dreizehn Alben zusammen auf.

Anders als sein französischer Kollege Nicolas Pérides mag sich Richter bei den Plattenaufnahmen nicht allein auf Meys Stimme und dessen Fingerpicking auf der Gitarre verlassen. Er umstellt seinen Schützling anfangs mit einer ganzen Reihe von Ensembles, deren Namen mehr nach Samstagabendunterhaltung und Showtreppe klingen als nach der Burg Waldeck: das Orchester Willy Hoffmann, die Rosy-Singers, das Begleit-Ensemble Igor Rosenow. Manchmal hat man Mühe, den rauchenden, Lederjacke tragenden Bohemien, wie ihn das Cover von *Aus meinem Tagebuch* (1970) zeigt, mit dem Sound seiner ersten Lieder zusammenzudenken. Dann klingt es, als ob Mey sich in der Studiotür geirrt hätte und versehentlich in eine für einen ganz anderen Künstler eingerichtete Produktion geraten wäre.

Dennoch überwiegt das Gelingen, nicht nur bei so bekannten Stücken wie »Diplomatenjagd« oder »Komm, gieß mein Glas noch einmal ein«. Etwa wenn in »Ein Tag« das liebliche kammermusikalische Arrangement vom Text gnadenlos Lügen gestraft wird: »Vom Sessel zum Fenster, die Nacht bricht herein, / Ein Besoffner fällt über den Pflasterstein / Beim elften Schritt links, dann ist's ruhig, wie's war, / Wie gestern, wie morgen, wie voriges Jahr.« Oder wenn in der das Diesseits feiernden Totenklage »Abgesang« eine Kirchenorgel und eine einsame Violine zum Tanz aufspielen. Oder wenn das Schlagzeug im Refrain von »Aus meinem Tagebuch« einsetzt, genau passend zum verzweifelten Wunsch eines Gastarbeiters, endlich wieder heimzukehren, wegzukommen, weg von der deutschen Fremde und dem trostlosen Vergehen der Tage beim Schuften auf dem Bau.

Aber gelegentlich geht es eben auch schief. So wie bei »Kaspar«, Meys Bearbeitung des Kaspar-Hauser-Stoffs. Ein Junge, der aus völliger Einsamkeit zu kommen scheint und plötzlich auftaucht, mitten in Nürnberg, an einem gewöhnlichen Tag im ersten Drittel des 19. Jahrhunderts. Kaspar Hauser verkörpert die Nachtseite bürgerlicher Wohlanständigkeit. Er ist der Störenfried aus der Dunkelheit, der die braven Bürger mit ihren eigenen, nur zu gerne verdrängten Träumen von Kontrollverlust und Wildheit konfrontiert. Daher muss er sterben. Die Sage nennt es Mord, und das hat Gültigkeit bis heute, auch wenn die Wissenschaft längst von einem Suizid ausgeht.

Zum Thema kam Mey nach eigener Aussage durch »ein Fernsehspiel«, womit eine dreiteilige ZDF-Serie aus dem Jahr 1966 gemeint sein dürfte. Seinen »Kaspar« erzählt Mey aus der Sicht eines Lehrersohns, dessen Familie Kaspar Hauser bei sich aufgenommen hat. Die beiden Jungen werden Freunde. Gemeinsam bestellen sie die Felder und bringen die Ernte ein, »von den Leuten vermaledeit, / Von deren Hunden verbellt«. Bis Kaspar irgendwann nicht mehr nach Hause kommt, denn er liegt erstochen am Üttinger Feld. Nicht nur die Honoratioren der Stadt können danach wieder zur Tagesordnung übergehen. Der Polizeirat schließt schnell die Akte, der Vikar murmelt pflichtschuldig einen Segen. Ab und zu erinnern noch frische Blumen an die Grausamkeit und den Fanatismus einer fehlgeleiteten Gesellschaft.

Wie viele mögen erst durch Meys Lied von der Geschichte Kaspar Hausers erfahren haben? Leider gerät in der Originalversion, enthalten auf der LP *Ankomme Freitag, den 13.* (1968), die Spannung des Texts unter die Räder eines seltsam ungerührten, fast heiter dahinratternden Arrangements. Nicht ohne Grund hat Mey »Kaspar« als einziges Stück seines Katalogs noch einmal neu aufgenommen, 1996, für das Album *Leuchtfeuer.* Und endlich glaubt man Mey jedes Wort, glaubt ihm auch die Rolle des Lehrersohns. Diese neue, eher rockinformierte Version ist fast eineinhalb Minuten länger als die alte, weil sie das Verhängnis von Strophe zu Strophe wirklich entfaltet und nicht nur behauptet.

Ähnlich gut bekamen das nur Wolfgang Niedecken und BAP hin. Coverversionen von Reinhard-Mey-Stücken sind rar, und die wenigen, die es gibt, trauen sich wenig zu, selbst wenn sie von namhaften Kollegen stammen. Auf dem Doppel-Tributalbum *Hommage an Reinhard Mey*, veröffentlicht zu Meys sechzigstem Geburtstag 2002, verneigt sich unter anderem der ganze alte Berliner Freundeskreis: Klaus Hoffmann, Hannes Wader, Jürgen von der Lippe, Karl Dall. Aber ihre Fassungen von »Ich wollte wie Orpheus singen«, »Komm, gieß mein Glas noch einmal ein« oder »Viertel vor sieben« bleiben zu dicht an der Vorlage, um mehr als Geburtstagsgruß zu sein. BAP hingegen eignen sich »Kaspar« so an, als wäre das Stück immer schon ein Vorläufer des thematisch und musikalisch verwandten »Kristallnaach« gewesen. Und Niedecken zeigt, dass Meys Texte auch nach der Übertragung ins Kölsche nichts von ihrer Qualität verlieren: »Un aff un zo bellt 'ne Köter mir noh, / Wenn ich Bloome ussstreue, do unge om Pfad, / Für dä Kaspar«.

Ich frage Reinhard Mey, ob er nie den Wunsch verspürt hat, neben »Kaspar« auch noch andere Stücke aus der frühen Zeit neu aufzunehmen. Die Antwort spricht für ihn:

> O doch, gereizt hätte es mich schon, aber ich habe es mit dieser einen Ausnahme nicht getan und werde es nicht tun. Ich habe die Lieder zu ihrer Zeit mit bestem Können und bestem Wissen gesungen und aufgenommen und alles für gut befunden, als ich fertig war. Nach Jahren oder Jahrzehnten würde ich vielleicht manches anders machen, aber das verbietet sich. Ich habe damals alles so gemacht und so gewollt, im Nachhinein daran zu schrauben oder herumzurenovieren wäre *corriger la fortune*, schummeln gibt's bei mir nicht, fertig.

Mit dem Album *Mein achtel Lorbeerblatt* (1972) stößt Kai Rautenberg zum Team um Mey und Walther Richter, zwei Jahre später, zu *Wie vor Jahr und Tag*, kommt noch Wilfried Grünberg dazu. Rautenberg und Grünberg werden mit ihren Arrangements den Sound von Meys LPs maßgeblich prägen. Es sind die formativen Jahre seiner Karriere. In die Ära Rautenberg/Grünberg fallen jene Songs, die den meisten wohl zuerst in den Sinn kommen, wenn sie an Reinhard Mey denken: »Die heiße Schlacht am kalten Büffet«, »Über den Wolken«, »Menschenjunges«, »Keine ruhige Minute« und viele mehr. Erstmals erreicht eines seiner Alben den ersten Platz der Verkaufshitparade, es gibt Goldene Schallplatten und TV-Angebote. Und Mey wird zu dem, als den wir ihn alle bis heute kennen: zum einzigen Liedermacher mit Massenappeal, zum Familienmenschen, zum Flieger, zum Chronisten unseres bundesrepublikanischen Alltags. Bemerkenswert spät allerdings taucht die charakteristische Nickelbrille auf einem LP-Cover auf, erst 1985. Man hätte schwören können, Mey habe sie schon immer getragen.

Rautenberg und Grünberg erschaffen zusammen mit den Solisten des RIAS-Tanzorchesters eine Art Trademark-Sound, der Meys Platten aus dieser Zeit unverwechselbar macht. Folk, Pop, Country, Chanson, manchmal auch Dixieland und leichte Klassik fließen ineinander, ergänzen sich zu einem homogenen, mit Streichern und Flöten verzierten, ungemein warmen, in Teilen fast märchenhaft entrückten Klangbild. Seine Erdung erfährt es durch Meys akustische Gitarre und seine Stimme. Ob beim Liebeslied »Herbstgewitter über Dächern«, der von den letzten Dingen handelnden Meditation »Wie ein Baum, den man fällt«, dem heiteren »Es gibt Tage, da wünscht ich, ich wär mein Hund« oder bei der sich auch musikalisch ins Blau erhebenden Flieger-Ballade »Ikarus« – beim Hören fühlt man sich erinnert an den sorgsam arrangierten, melodiebeseelten 70er-Jahre-Folkpop von Dan Fogelberg, Gilbert O'Sullivan oder den Carpenters. Ein Sound, der einen umarmt und nach

Hause holt und dem doch eine leise Melancholie immer schon eingeschrieben ist, wenn sie auch kaum je so offen in Fassungslosigkeit umschlägt wie in »Atze Lehmann« von der LP *Ikarus* (1975). Der Versuch, für den Suizid eines Musikerkollegen aus Berlin-Hermsdorf eine Erklärung zu finden, schlägt fehl. Am Schluss der sechs Strophen verweigert Mey dem Hörer die Moral: »Und je mehr ich drüber nachdenk, / Desto wen'ger werd ich schlau daraus – / Da erschießt sich Atze Lehmann / Im Garten, hinter seinem Haus.« Auf einmal ist es kälter geworden, mitten am Tag.

Doch derart dunkle Lieder sind in dieser Phase selten. Die Plattenfirma spendiert den Studioalben Klappcover, für deren Innenhüllen Mey das private Fotoalbum öffnet. Die Bilder zeigen einen glücklichen Mann. 1976 wird Mey zum ersten Mal Vater, sein Sohn Frederik kommt zur Welt. Ein Jahr später findet die Hochzeit mit Hella statt, Frederiks Mutter. Vom Glück zu singen, ohne trivial zu werden oder sich in Klischees zu verlieren, hat schon die Besten an die Grenzen ihrer Fähigkeiten gebracht. Mey umgeht die Gefahr, indem er das private Glück durch den Rückgriff auf Traditionen des Volkslieds und der Naturlyrik ins Überindividuelle wendet.

Die Folkbewegung erlebt in Deutschland ab Mitte der 1970er Jahre eine Renaissance. Hannes Wader oder Bands wie Liederjan und Zupfgeigenhansel legen durch ihre Interpretationen den politischen Gehalt alter Volkslieder frei und verhelfen ihnen dadurch zu überraschender Aktualität: als Einspruch gegen Unterdrückung, Ausbeutung und Fremdbestimmung. Der Blick richtet sich auf eine bessere Zukunft, deren Beginn nur erahnt werden kann. »Freunde, lasst uns trinken«, eines von Meys *neuen* Volksliedern, hebt dagegen das Glas auf »die schöne, kurze Zeit zu nehmen und zu geben, / Den Augenblick der Ewigkeit, den wir auf Erden leben«. Getrunken wird auf die Flüchtigkeit aller Dinge und die sich daraus ergebende Verpflichtung, die Gegenwart nicht zu versäumen. Mey bezieht sich auf dieselbe Tradition wie seine Kollegen, nur entnimmt er ihr Leichteres. Zumindest für einen kurzen Augenblick kann alles so bleiben, wie es ist.

Die beiden Alben *Jahreszeiten* (1980) und *Freundliche Gesichter* (1981) sind Momentaufnahmen gelingenden Lebens; Sommerplatten, lichtdurchflutet und beinahe schwerelos. Beschworen werden »Bilder einer lang vergangenen Zeit«, es wird getrunken, getanzt und geliebt »zum Klang einer altmodischen Melodie«. Die Feste finden meist unter freiem Himmel statt, etwa »bei Ilse und Willi auf'm Land«, und die dazu passenden Lieder gleichen einem »Schwarm von Schmetterlingen, der zur Sonne flieht«. Auch in »Sommermorgen«, Meys vielleicht schönstem Liebeslied, ist alles hell. Vor dem offenen Fenster liegt die Stadt noch still, der Tag hat gerade erst begonnen. Es wird ein freundlicher sein.

Die Idylle lässt sich freilich nicht auf Dauer stellen, wenn sie nicht ins Eskapistische umschlagen soll. »Verstrichen ist die stille Atempause«, singt Mey schon in »Sommermorgen«, und in »Abschied«, dem Schlusssong von *Freundliche Gesichter*, wird er noch deutlicher: »Doch das Leben ist wie ein reißender Fluss, / Der mich weitertreibt, / Der nie stehenbleibt. / Und erreich ich ein Ufer, / Komm ich doch nur zum Schluss, / Dass ich weitergehen muss.« So unbeschwert, wie es war, wird es nicht mehr.

»Auf einmal ist es bitterkalt, / Und wieder brauch ich deinen Halt, / Um nicht zu zweifeln, um nicht zu zerbrechen«, heißt es bereits auf dem Folgealbum *Die Zwölfte* (1983). Länger schon hatte man Mey nicht mehr mit einer solchen Entschlossenheit und Wut singen hören wie auf der Leadsingle »Was in der Zeitung steht«, einer bitteren Anklage des Sensationsjournalismus. Erzählt wird von einem Mann, den die Schlagzeilen fälschlicherweise zum Drahtzieher eines Finanzskandals ausrufen. Hat Günter Wallraff nur wenige Jahre zuvor aus dem Innenleben der *Bild*-Redaktion berichtet, zeigt Mey nun die Auswirkungen einer aus dem Ruder gelaufenen Boulevardpresse auf das Leben eines ihrer Opfer. Irgendwann erscheint als einziger Ausweg aus Scham, Verzweiflung und Angst nur noch der Sprung vor den einfahrenden Vorortzug. Als die Gegendarstellung schließlich erscheint, »fünf Zeilen, mit dem Bedauern der Redaktion«, ist es längst zu spät. Und überhaupt, »wer liest, was so klein in der Zeitung steht?«

Musikalisch klingt nicht nur dieses Stück deutlich abgespeckter als noch zuletzt, das Schwelgerische und Opulente wurde zurückgefahren, selbst ein Synthesizer ist zu hören, zum ersten Mal auf einer Mey-Platte. Gespielt wird er von Ingo Bischof, dem Keyboarder der Jazzrockband Kraan. Der Trend zu mehr Kompaktheit setzt sich auch auf den nächsten Veröffentlichungen fort. Für die Produktion von *Hergestellt in Berlin* (1985) zeichnet letztmals Walther Richter verantwortlich, doch nur für zehn der zwölf Stücke. Das ironische False-Friends-Feuerwerk »M(e)y English Song« sowie »Ich hasse Musik« werden von Edo Zanki produziert und mit seiner Band in Karlsdorf eingespielt. Zanki hatte zu dieser Zeit neben seiner Solokarriere unter anderem bereits mit Herbert Grönemeyer gearbeitet und für Ulla Meinecke »Die Tänzerin« komponiert. Meys »Ich hasse Musik« bezieht sich auf die Hintergrundbeschallung in Restaurants, Aufzügen und Warteräumen, nicht jedoch auf »Musik, die atmet und lebt«. Zanki glückt es, Mey genau so klingen zu lassen: lebendig.

Wilfried Grünberg bleibt nach Walther Richters Abschied noch für zwei Platten an Bord. Die Tage der großen Besetzungen sind vorbei. Auf dem Album *Alleingang* (1986) gibt es erste tastende Versuche, Rockklänge zu integrieren, unter anderem bei »Sonntagabend auf Rhein-Main«, einer aktualisierten und ins Ambiente des Großflughafens Frankfurt verlegten Version von »Über den Wolken«. Und im Lampenfieber-Lied »Du musst wahnsinnig sein« überfällt der Refrain den Hörer, so wie die Angst den Sänger: »Du musst wahnsinnig sein, / Da rauszugehen, ganz allein, / Trotz all der Höllenqualen, / Die dich lähmen und zermahlen.«

Die Zusammenarbeit mit Wilfried Grünberg endet 1988 mit *Balladen*. Deren wichtigste steht am Schluss des Albums. Die gut zehnminütige »Eisenbahnballade« ist Erlebnisdichtung und Historiographie zugleich – ein großer Wurf, nicht nur vom Umfang her. Eine nächtliche Zugfahrt zurück nach Hause weitet sich zu einem Orte und Zeiten überfliegenden Traum, der die Geschichte der Eisenbahn als flackernden Bilderstrom erzählt. Man muss gehört haben, wie sich die Musik nach der vierten Strophe und einer Bridge ändert, der Tonfall episch wird und Mey in regelmäßig gebauten vierzeiligen Strophen den Bogen schlägt von den Tagen des Eisenbahnbaus über die Rüstungs- und Lazarettzüge des Ersten Weltkrieges bis hin zu den Todesfahrten in die nationalsozialistischen Konzentrationslager und dem nach Krieg und Zerstörung wieder geflickten Schienennetz. Dann, wiederum verbunden durch eine Bridge, kehrt das Lied zur Ausgangsmusik und zum übernächtigten lyrischen Ich zurück, das rechts und links vom Bahndamm die Menschen im Licht des anbrechenden Morgens zur Arbeit gehen sieht. »Die Eisenbahnballade« ist in gleich mehrerer Hinsicht ein Abschluss. Als Meys nächste Platte erscheint, im April 1990, fehlen nicht nur Wilfried Grünberg und mit ihm alle Musiker der bisherigen Produktionen. Die Welt ist eine andere geworden.

»Mein ganzes Leben hab ich in der halben Stadt gelebt, / Was sag ich jetzt, wo ihr mir auch die andre Hälfte gebt?«, fragt Mey in »Mein Berlin«, dem Eröffnungstrack seines sechzehnten Albums *Farben.* Man hört den Jubel aus der Nacht des Mauerfalls im Originalton. Es ist der Auftakt einer makellosen Platte, einer der besten in Meys Diskographie. Die auf ihr enthaltenen Lieder strafen das seltsamerweise überwiegend schwarzweiß gehaltene Cover Lügen. *Farben* zeigt eine Fülle an musikalischen und textlichen Verfahren, die man von Mey so bisher noch nicht gekannt hat. Mit diesem Album beginnt – zwar nicht nach Jahren, nach dem künstlerischen Ausdruck aber schon – die zweite Halbzeit von Meys Karriere.

Was sofort auffällt: Der Gesang ist anders abgemischt. Er dominiert das Klangbild nicht mehr so total wie früher, sondern wirkt manchmal fast wie ein zusätzliches Instrument. Mey hat nun andere Musiker aus dem Rock-, Jazz- und Folkbereich um sich geschart, den schottischen Gitarristen Ian Melrose etwa, der bis heute auf den Platten zu hören ist; die Leipziger Jazzband L'art de Passage oder Richard Wester, dessen Saxophon die bis auf die Knochen ehrliche Einsamkeitsstudie »Allein« heimsucht wie ein Geist. Es gibt fließenden Folk, klassische Erzählballaden und mit »Kleines Mädchen«, das der 1985 geborenen Tochter Victoria-Luise gewidmet ist, erstmals auch reine Klavierbegleitung.

Zudem treten Gastsänger auf, ebenfalls eine Premiere. »Danke Klaus Hoffmann, danke Heinz Rudolf Kunze, danke Hans Scheibner für die Erfüllung meines langgehegten Wunsches, mit Euch zusammen zu singen als Club der lebenden

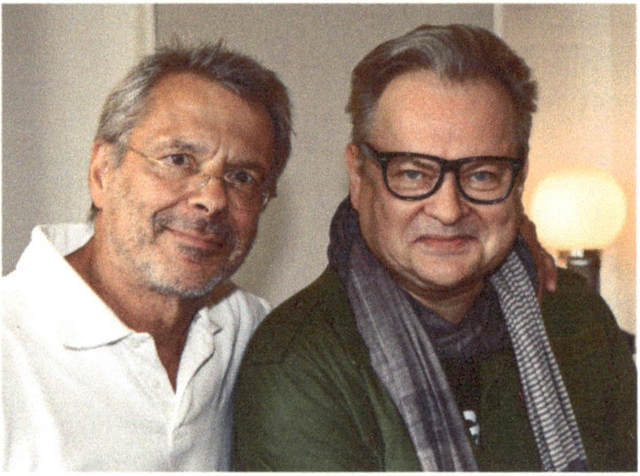

Mit Heinz Rudolf Kunze, 2002.

Dichter«, schreibt Mey in den Album-Credits. Die Genannten teilen sich die Strophen von »Alle Soldaten wolln nach Haus«, das von jenem historischen Wimpernschlag nach Ende des Kalten Krieges handelt, in dem wenn schon nicht das Ende der Geschichte, so doch Versöhnung und ein Frieden auf Dauer greifbar schienen. Entsprechend kündigte Mey das Stück in den Konzerten der Tournee 1990/91 auch an: »Wenigstens einmal, solange ich Lieder mache, ist die Wirklichkeit und die Entwicklung besser gewesen als mein Vorstellungsvermögen.« Der amerikanische GI in K-Town, der russische Soldat in Potsdam, der NVA-Gefreite an der friedlich überwundenen innerdeutschen Grenze sowie der 19-jährige Wehrpflichtige aus Leer, Ostfriesland – alle vier fühlen sich plötzlich ihrer Verpflichtungen ledig, alle spüren, dass der Krieg zwischen den Systemen, auf den man sie so lange eingeschworen hat, womöglich gar nicht kommt. Daher wollen sie nur eins, nach Haus. Am liebsten gleich und schnurstracks gradeaus.

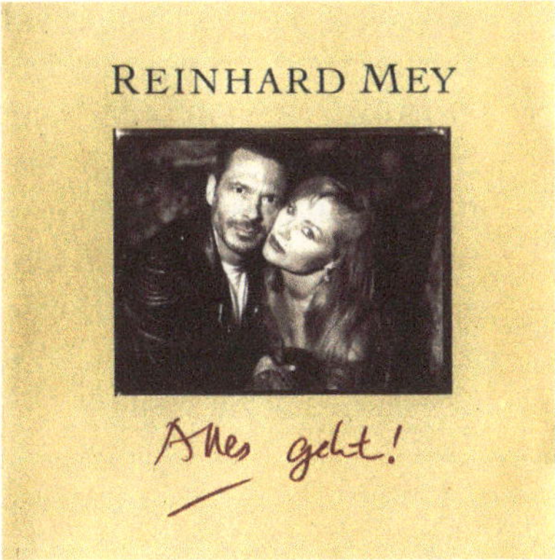

Cover von
Alles geht!, 1992.

Mey entwirft mit leichter Hand vier Soldatenbiographien, er und seine Gäste interpretieren sie mit hörbarem Spaß am Rollenspiel. Klaus Hoffmann findet den ihm gemäßen Überschwang auch in einer russischen Garnison; Hans Scheibner hat nur Verachtung übrig für »anderthalb Jahre Bi-Ba-Bundeswehr«, und Heinz Rudolf Kunze träumt als Grenzsoldat Jochen M. herrlich verzweifelt von der »junge[n] Brigadeführerin / Aus der LPG 9. November«. Kunzes Band, die Verstärkung, läuft nicht nur bei diesem Stück zu großer Form auf. Das golden leuchtende »Ich hab meine Rostlaube tiefergelegt« beschreibt eine Liebe in den anbrechenden 1960er Jahren, eine von der Sorte, die kein Happy End braucht, um ein Leben lang nachzuwirken. Martin Huchs Pedal Steel schluchzt, und Kunze selbst steuert eine zweite Stimme zum Niederknien bei.

Mit annähernd denselben Musikern spielt Mey auch *Alles geht!* (1992) ein. Der Titel lässt sich in erster Linie auf die neu gefundene musikalische Bewegungsfreiheit beziehen. Aber auch sonst geht und ändert sich vieles. Zum letzten Mal für einundzwanzig Jahre erscheint ein Album von Mey auf Vinyl. Die digitale Eroberung des Tonträgermarkts hat seit Längerem schon eingesetzt, nun, zu Beginn der 1990er Jahre, ist sie so gut wie abgeschlossen. Was neu veröffentlicht wird, gibt es nur noch auf CD. Für die Plattenfirmen brechen herrliche Zeiten an, keiner ahnt, dass es die finalen sind. Und die Künstler müssen das Album-Format noch einmal ganz neu denken. Für Mey ein Grund zur Freude:

> Früher habe ich ab und zu ein Lied weitergegeben, nur weil es auf der LP keinen Platz mehr hatte. Wie habe ich unter der 60-Minuten-Beschränkung gelitten und unter der schrumpfenden Dynamik, wenn man dieser Grenze zu nah kam! Da schreibst du dein Herzblut in die Lieder, singst tage- und nächtelang im Studio, und das Presswerk liefert dir eine eiernde oder springende LP. Die CD war die Erlösung, und ich liebe es, ihre Spielzeit voll auszukosten.

Auf *Alles geht!* geschieht das noch eher zögerlich. Zusätzlich zur regulären Albumfassung gibt es als digitalen Bonustrack die »piano version« von »Ich liebe dich«. Vielleicht auch deshalb, weil Mey mit dem Stück eine alte Lücke schließt. »Hab Lieder von weltbewegenden Dingen, / Nur das, was mir am nächsten liegt, / Ganz einfach ›Ich liebe dich‹ zu singen, / Das hab ich bis heut noch nicht fertiggekriegt«, bekannte er bereits 1967 in »Fast ein Liebeslied«. Ein Vierteljahrhundert später gelingt es ihm dann doch: »Ich liebe dich, / Ich brauche dich, / Vertrau auf dich, / Ich bau auf dich. / Wollte nicht leben ohne dich, / Ich liebe dich.« Es ist der Song zum Du-und-ich-gegen-den-Rest-da-draußen-Coverfoto von Gabriele Oestreich –

Hella und Reinhard Mey, Wange an Wange und in Schwarzweiß. Als wäre es aus einem Film.

Dass die folgenden Veröffentlichungen Laufzeiten von siebzig, manchmal sogar fünfundsiebzig Minuten haben, hängt gar nicht so sehr mit der Zahl der Stücke zusammen, die Mey auf ein Album packt, sondern mit deren Länge. Viele Lieder überschreiten nun die Fünf-Minuten-Marke. Der zusätzliche Platz, der zur Verfügung steht, wirkt sich unmittelbar auf das Schreiben aus. Mey experimentiert einerseits mit neuen, eher geduldig erzählenden als lyrisch verknappten Formen. Andererseits lassen sich verstärkt sprachspielerische Elemente beobachten, die Lust an der Aufzählung, an der sprachlichen Überwältigung des Hörers, an Rhythmus und Lautmalerei. Exemplarisch dafür stehen die beiden Eröffnungsstücke vom Album *immer weiter* (1994). Interessant sind sie aber auch noch aus einem anderen Grund. Sie erlauben einen seltenen Blick in die Werkstatt, indem sie nicht verhehlen, von welchen Kollegen sich Mey zu dieser Zeit inspirieren ließ.

»Watched it comin' up Winslow, / Down South Park Boulevard / Yeah it was looking good from tail to hood / Great big fins and painted steel / Man it looked just like the Batmobile / With my old man behind the wheel«. Auch wenn es zunächst anders scheint: Marc Cohns Song »Silver Thunderbird« handelt weniger vom titelgebenden Auto als von dem Mann, der es fährt. Das Ich erinnert sich an seinen Vater und dessen Fahrten zur Arbeit und wieder zurück, jahraus, jahrein, was auch geschieht, die Straße runter, bei Regen und bei Schnee. Viel mehr erfährt man gar nicht, doch ahnt man, dass es liebevolle Erinnerungen sind, Erinnerungen an einen Mann mit festen Überzeugungen. »If there's a God up in heaven / He's got a Silver Thunderbird«.

Reinhard Mey verweist mit »51er Kapitän« zwar deutlich auf Marc Cohns Vorlage, was nicht nur für den Text gilt, sondern auch für das nach einigem Hin und Her gewählte Arrangement mit dem perlenden Piano von Ulf Weidmann, dem zwischenzeitlich pausierenden Schlagzeug und dem versetzten Chorgesang. Gleichzeitig aber verleiht er der Geschichte einen Gefühls- und Detailreichtum, der »Silver Thunderbird« fehlt. Bei Mey bleibt das Auto ein Sehnsuchtsbild, ein Symbol für Luxus, der zwar herbeigesehnt, aber nie erlangt werden kann. Vater und Sohn träumen den Traum gemeinsam. Er schweißt sie zusammen und lässt sie an seine Erfüllung glauben, wann immer die auch kommen mag: »Aber wenn es einen Himmel geben sollte, dann werd ich ihn endlich sehn, / Denn dann holt mein alter Herr mich ab in einem schneeweißen 51er Kapitän.«

Auch das zweite Lied auf *immer weiter* zitiert ein anderes, dieses Mal eins von Leonard Cohen. Und wieder fallen die Zitate so deutlich aus, weil man sie wohl bemerken *soll.* Natürlich funktioniert Meys »Vernunft breitet sich aus über die Bundesrepublik Deutschland« auch ohne Kenntnis von Cohens »Democracy« vom Album *The Future* (1992). Aber noch mehr Spaß macht das vergleichende Hören, das im Hin und Her der Bezüge feststellt, wie gut Mey das Messen mit den Größten zu Gesicht steht. »It's coming through a hole in the air / [...] It's coming through a crack in the wall«, singt Cohen; »es kommt durch die Dielenbretter, durch den Spalt unter der Tür, / Durch den Mauerriss, durch jeden Zwischenraum«, heißt es bei Mey. Was da aber jeweils hereindringt, ist nicht dasselbe. Oder vielleicht doch? »Democracy is coming to the USA«, lautet Cohens vollständige Refrainzeile, um die »Vernunft« geht es bei Mey. Bis auf zwei Sekunden sind die Lieder gleich lang, auch sechs Strophen haben sie beide. Und sie teilen trotz gelegentlichem

Sarkasmus eine tiefernst gemeinte Hoffnung auf bessere Zeiten. Mey borgt sich Cohens Sprechgesang, um alle Wörter in gut sieben Minuten unterbringen zu können. Unter dem Rundumschlag gegen Hehler, Steuerhinterzieher, Geldwäscher, Rüstungsfabrikanten, Kriegstreiber, Kirchenfürsten und Mitarbeiter der Verdummungsindustrie liegt ein federnder Hip-Hop-Rhythmus. Er gibt den Takt vor für einen »Marsch des guten Willens [...], / Unaufhaltsam wie ein Beben, mächtig wie ein Flächenbrand – / Vernunft breitet sich aus über die Bundesrepublik Deutschland.«

Gut möglich, dass sich manche Hörer erst einmal an solch neue Töne gewöhnen mussten. Meys Lieder handelten nicht mehr nur von der Gegenwart, sie öffneten sich ihr auch musikalisch. Das Album *immer weiter* markiert den Beginn der bis heute andauernden Zusammenarbeit mit dem Produzenten, Arrangeur und Keyboarder Manfred Leuchter. Zwar hat Leuchter bereits das Livealbum *Die große Tournee '86* (1987) aufgenommen, doch erst jetzt sorgt er auch bei den alle zwei Jahre erscheinenden Studioalben dafür, dass Meys Platten den Vergleich mit herausragenden internationalen Produktionen nicht scheuen müssen. Sie vermessen das gesamte Feld des zeitgenössischen Singer-Songwriter-Ausdrucks: Folk, Pop, Blues, Country, Reggae, dazu kommen gelegentliche Ausflüge ins Elektronische. Da noch von »Schlager« zu sprechen, wie es die Jury des Musikpreises Echo 1999 getan hat, zeugt von beschämender Ignoranz. Mey blieb gar nichts anderes übrig, als die Nominierung in der entsprechenden Kategorie für sein Album *Flaschenpost* (1998) zurückzuweisen. Sie muss ihm wie ein schlechter Scherz vorgekommen sein.

Durch Manfred Leuchters Arrangements erhält Mey, so hat er es einmal formuliert, immer wieder die Möglichkeit, von seinen eigenen Liedern überrascht zu sein. Zur Aufführung vor Publikum kommen diese Arrangements freilich nie, rare TV-Auftritte in Bandbesetzung einmal ausgenommen. Was angesichts der vielen stilistischen Exkursionen auf den fünf Alben von *Leuchtfeuer* (1996) bis *Nanga Parbat* (2004) schade ist, gleichzeitig aber auch für einen Mehrwert sorgt. Meys Lieder existieren immer doppelt, als aufwendig produzierte Studiotracks und als solo dargebotene, auf den Livealben dokumentierte Konzertfassungen. Dass es beides gibt, darin liegt ein großes Glück.

Bis 2007 das nächste Alben erscheint, vergehen erstmals drei Jahre. *Bunter Hund* bringt eine Abkehr vom Experiment. Kein Programming, keine Synthesizer mehr. Die Platte setzt den Ton auch für die nächsten Veröffentlichungen und bildet den Auftakt für ein weitgehend von akustischen Instrumenten getragenes Spätwerk. Im Studio zur Seite stehen Mey nun schon seit vielen Jahren, neben anderen, die Gitarristen Jens Kommnick, Ian Melrose und Jeanmarie Peschiutta, der Bassist Antoine Pütz und der Schlagzeuger Steffen Thormählen. Wird ein Klavier oder ein Akkordeon gebraucht, ist mit Manfred Leuchter der Beste für den Job bereits vor Ort. Alle zusammen spielen sie schimmernden, atmosphärisch dichten Folk, der jeder noch so diskreten Wendung in Meys Texten zu folgen vermag.

»Lieder sind meine Chronik. Sie sind Erlebtes und Erdachtes, aus Hoffnungen und Ängsten entstanden, aus Beobachtungen, Glück und Unglück gemacht. [...] Lieder sind mein Leben, meine Arbeit, meine Freude, Anfechtung und Trost. Ich bin dankbar, dass ich schreiben und singen kann.« Von Mey selbst für ein Studioalbum verfasste Liner Notes hat es vor *Mairegen* (2010) noch nicht gegeben. Die wenigen Zeilen auf den Mittelseiten des Booklets gleichen einem künstlerischen

Glaubensbekenntnis. Ihre existenzielle Wucht muss wörtlich genommen werden. Die Dankbarkeit, schreiben und singen zu können, beinhaltet das Wissen, dass beides nicht selbstverständlich ist.

Anfang September 2009 spricht Mey in der Talkshow von Reinhold Beckmann zum ersten und einzigen Mal öffentlich über das zu diesem Zeitpunkt bereits ein halbes Jahr dauernde Wachkoma seines Sohns Maximilian. Man kann das Album, das acht Monate später erscheint, nicht so hören wie andere Platten aus Meys Karriere. Das Wissen um die Lebensumstände, denen *Mairegen* abgerungen ist, beeinflusst auch seine Rezeption – wie könnte es nicht. Beinahe jedes Stück enthält Strophen, Zeilen, einzelne Wendungen, die sich *auch* autobiographisch lesen lassen. Als Beschreibung des Ausnahmezustands und des Kummers, als aufkeimende Hoffnung oder als Beschwörung, dass doch noch alles gut werden möge. Dass der Schatten auf dem Röntgenbild nur ein Kaffeefleck ist. Dass jemand die Sterne führt auch noch während des einsamsten Nachtflugs. Dass die Tür des Krankenzimmers sich wieder öffnet und der Weg hinaus ins Freie führt, unter einen Himmel, der nicht aufhört, auf einen Waldweg, der mit buntem Herbstlaub bedeckt ist.

Am deutlichsten wird »Drachenblut«. Direkte Bezugnahmen auf frühere, ebenfalls für Maximilian verfasste Stücke wie »Zu deinem dritten Geburtstag« (1985), »Du bist ein Riese, Max!« (1992) und »Schwere Wetter« (2002) führen einen Dialog fort, der vor langer Zeit begonnen hat und nicht abreißen wird, nicht jetzt und nicht in Zukunft: »Begierig zu sehn, in welches Meer der Strom mündet, / Hast du dein Licht an beiden Seiten angezündet. / Nun ringt es flackernd um seinen Schein, / Mein fernes, mein geliebtes Kind, schlaf ein.«

Über *Mairegen* ließe sich unendlich viel sagen, vor allem aber, dass Mey es schafft, Worte für den Schmerz zu finden. Worte, die dem Schmerz nicht ausweichen und ihn gerade deshalb für Minuten bannen können. Das macht die Größe dieses wie auch der folgenden Alben *dann mach's gut* (2013), *Mr. Lee* (2016) und *Das Haus an der Ampel* (2020) aus. Wahrnehmen lassen sie sich, mehr noch als die Platten früherer Jahre, als sich aufeinander beziehende Kapitel eines Fortsetzungsromans. Mey schreibt ihn mit einer Würde, die nur der haben kann, dessen Kompass im Rucksack tatsächlich immer funktioniert hat.

Die Belohnung ist der fort- und fortdauernde Zuspruch des Publikums. Im Mai 2024 erreicht Mey mit *Nach Haus* den ersten Platz der Album-Hitparade – immerhin elf Jahre, nachdem ihm das zuletzt, und erstaunliche zweiundfünfzig Jahre, nachdem ihm das mit *Mein Achtel Lorbeerblatt* zum ersten Mal gelungen war. Seine Reaktion darauf ist ein beinahe ungläubiges Staunen. »Es haut mich um«, sagt er in einem für den RBB geführten Hörfunkinterview. Und weiter:

> Was ist das für eine Freude, nach sechzig Jahren Musik zu machen noch mal ein Album auf Platz eins zu haben! Und ich habe, als ich die Chart-Liste gekriegt habe – in der zweiten Woche, wo ich dann auf Platz zwei war, aber trotzdem mit Vergnügen festgestellt: An erster Stelle war Dua Lipa, an zweiter Stelle Reinhard Mey, und an dritter Stelle Taylor Swift. Wer kann das schon von sich sagen!

Was die Lieder auf *Nach Haus* verbindet, sagt der Novalis zitierende Titel. Selbst in der Dystopie von »Lagebericht« ist die Hoffnung, dass vielleicht doch noch alles gut oder zumindest

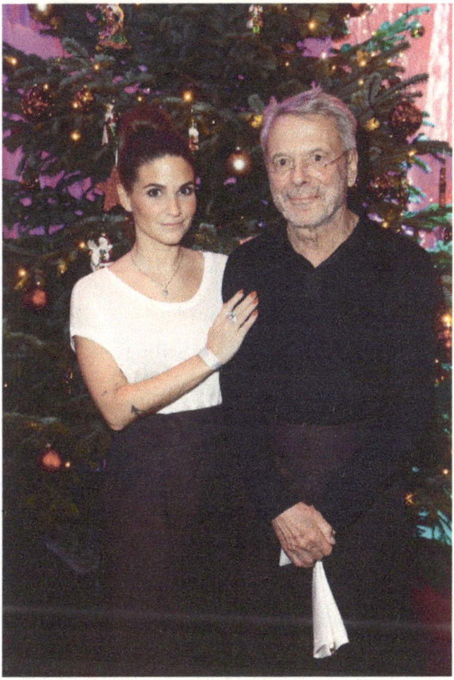

Mit Tochter
Victoria-Luise, 2019.

nicht so schlimm werden möge, präsent. Dabei fließen die Zeiten in eins. Das Vergangene hilft, das Heute zu deuten. Die Klage des (toten) Soldaten in »Verschollen« verweist unüberhörbar auf die Verheerungen der gegenwärtigen Kriege. Gleiches gilt für »Black and White 1945«, die Coverversion eines von Ross Brown verfassten Folksongs, der in den letzten Tagen des Zweiten Weltkrieges spielt und davor warnt, vorschnell Entscheidungen zu treffen, die das Leid der Menschen doch nur verlängern.

Schon seit 2007 enthalten Meys Alben zusätzliche, nicht von ihm selbst geschriebene Stücke. Sie sind

> Verneigung vor einem Kollegen, Liebeserklärung an einen Freund, Lieder, die schon lange in mir klingen. Und sie sind die Kür nach der (schönen) Pflicht, wenn ich meine eigenen Lieder aufgenommen habe – Danke an die Spielzeit der CD, die mir das erlaubt.

Mit einem Hidden Track auf *Bunter Hund* beginnt es. Nach viereinhalb Minuten Stille meldet sich das Album zurück, und Mey singt auf Französisch Jean-Baptiste Cléments »Le temps de cerises« von 1866, das Lied von der Kirschenzeit. Clément hat es nachträglich der »tapferen Bürgerin Louise« zugeeignet, einer Krankenschwester, die an einem Sonntag im Mai 1871 den Pariser Kommunarden bei ihrem Aufstand gegen die reaktionäre Regierung zur Seite stand. Die Zueignung verwandelt den Text eines bittersüßen Liebeslieds in das Versprechen, den Traum einer gerechteren Gesellschaft niemals preiszugeben. Jahre später wird Reinhard Mey das Lied noch einmal aufnehmen, dieses Mal gemeinsam mit Hannes Wader für dessen Platte *Noch hier – was ich noch singen wollte* (2022).

Von Wader, von Klaus Hoffmann und Konstantin Wecker stammen weitere der von Mey ans Ende seiner Alben platzierten Bonustracks. Sie sind beides, unverzichtbare Wegzehrung und Kommentar zum eigenen Schreiben. Für »Sally« von Fabrizio De Andrés Album *Rimini* (1978) wechselt er ins Italienische, um von der dunklen Lockung zu singen, die vom Wald und dem Gras und vor allem von Sally mit ihrem Tamburin ausgeht. »Dite a mia madre che non tornerò«. Sagt meiner Mutter, dass ich nicht zurückkomme.

Bei »Scarlet Ribbons« auf der »Skizzenbuch«-Version von *Das Haus an der Ampel* (2020) erhält Mey Unterstützung. Victoria-Luise Mey singt die Ende der 1940er Jahre geschriebene Geschichte vom in Erfüllung gehenden Kinderglauben, die man unter anderem in Versionen von Joan Baez oder Harry Belafonte kennt, mit ihrem Vater im Duett. Das »Kleine Mädchen« ist erwachsen geworden: »Mir doch grad erst geschenkt, gestern kaum erst ein Jahr / Und heut Spangen und Schleifen und Bänder im Haar«. Vielleicht waren sie immer schon scharlachrot.

Auch in dem alten Wiegenlied »Lavender's Blue« auf *Mr. Lee* (2016) hört man Victoria-Luise Meys schöne, klare Stimme – und man bedauert ein bisschen, dass Mey sich nicht öfter Gesangspartnerinnen gesucht hat. Neben den Duetten mit seiner Tochter sind kaum weitere bekannt. Für die TV-Show *Manche mögen's leis* entsteht 1981 zusammen mit der Schauspielerin Heidelinde Weis eine Version von Hanns Dieter Hüschs trostreichem, 2001 auch von Blumfeld gecoverten »Abendlied«. Und 1998 singt Mey mit der alten Weggefährtin Ina Deter »Einfach abhaun, einfach gehen«, eine Momentaufnahme aus den Tagen, wenn der Sommer vorm Balkon endet, sich die Berliner Kneipen wieder füllen und keiner, nicht einmal die selbsternannten Genies vor ihren Schreibmaschinen, weiß, wie er den Herbst überstehen soll, ohne vor Sehnsucht verrückt zu werden.

Diskographie

> »Ich bin meine Lieder. Ich schreibe mit allen Liedern meine Autobiographie.«

Wer diese Autobiographie lesen will, muss also Reinhard Meys Platten hören. Am besten alle.

Studioalben

1967: Ich wollte wie Orpheus singen
1968: Ankomme Freitag, den 13.
1970: Aus meinem Tagebuch
1971: Ich bin aus jenem Holze
1972: Mein achtel Lorbeerblatt
1974: Wie vor Jahr und Tag
1975: Ikarus
1977: Menschenjunges
1979: Keine ruhige Minute
1980: Jahreszeiten
1981: Freundliche Gesichter
1983: Die Zwölfte
1985: Hergestellt in Berlin
1986: Alleingang
1988: Balladen
1990: Farben
1992: Alles geht!
1994: immer weiter
1996: Leuchtfeuer
1998: Flaschenpost
2000: Einhandsegler
2002: Rüm Hart
2004: Nanga Parbat
2007: Bunter Hund
2010: Mairegen
2013: dann mach's gut
2015: Lieder von Freunden
2016: Mr. Lee
2020: Das Haus an der Ampel
2024: Nach Haus

Livealben

1971: Live
1974: 20.00 Uhr
1978: Unterwegs
1981: Tournee
1984: Live ’84
1986: Die große Tournee ’86
1991: Mit Lust und Liebe
1995: Zwischen Zürich und zu Haus
1997: Lebenszeichen
1999: Lampenfieber
2001: Solo
2003: Klaar Kiming live
2006: !Ich kann
2011: Danke liebe gute Fee
2012: Gib mir Musik!
2015: dann mach’s gut live
2018: Mr. Lee live
2023: In Wien – The Song Maker
2024: In Aschaffenburg – Die wiedergefundene Tournee 1992

Französischsprachige Studioalben (als Frederik Mey)

1968: Vol. 1
1972: Vol. 2
1974: Vol. 3
1976: Vol. 4
1979: Vol. 5
1982: Vol. 6
2005: Vol. 7 – Douce France

Französischsprachige Livealben (als Frederik Mey)

1976: Recital Frederik Mey a l’Olympia
1979: Bobino

»Ich hab unzähl'ge Seiten vollgeschrieben« – Die Texte

Roland Barthes hat einmal von der Schwelle gesprochen, die jeder Autor passieren muss, soll ein neues Werk entstehen. Sie trennt das »*Schreiben* vom *Etwas-Schreiben*«, also das bloße Notieren von der zielgerichteten Niederschrift. Reinhard Mey nimmt diese Schwelle mit einem Sprung. Seit Langem schon organisiert er alle paar Jahre sein Leben gemäß den Anforderungen des Schreibens. Er reserviert sich eine »Schreibzeit«. Das bedeutet eine über Monate aufrechterhaltene Disziplin, eine fast asketische Abwendung von der Welt, die dann in Texten und Melodien eingefangen werden soll.

> Die genaue Planung der Schreibzeit habe ich mir vorgenommen, um mir im Verlauf der Zeiten eine Struktur zu geben; um dann der Spontaneität ihren wilden, freien Lauf zu lassen, die Einfälle sprudeln zu lassen, so chaotisch und unvorhersehbar, wie sie kommen, und um die Kreativität in geordnete Bahnen zu lenken. Die Planung hilft mir, meine Zeit nicht zu vergeuden, ich kann nur schreiben oder nicht schreiben. Wenn ich schreibe, kann und will ich nebenher nichts anderes tun. Aber wenn ich nicht schreibe, will ich

> nichts anderes tun, als mich dem, was ich dann tue, ganz hinzugeben, will erleben, handwerkliche Dinge tun, das Leben feiern, müßiggehen. Ich will mir damit Zeit geben, mich auf eine neue Schreibzeit vor mir zu freuen, bis ich sie geradezu herbeisehne.

Manche Autoren sind an dem Druck, zu einem bestimmten Zeitpunkt kreativ sein zu müssen, schon zerbrochen. Mey ist es bisher noch immer geglückt, die Inspiration so lange zu zwingen, bis sie sich wie von selbst einstellt:

> Ganz zu Beginn, nach meinem ersten Album, war ich ratlos, ob ich jemals ein zweites schreiben könnte. Beim zweiten staunend, dass es ging. Von da an zuversichtlich wissend, dass die Kreativität der Disziplin folgt.

Seit der Platte *Bunter Hund* (2007) schreibt Mey seine Lieder nicht mehr von Hand. Legionen von schwarzen BIC-Kugelschreibern hatten bis dahin ihren Dienst auf dem weißen, an einem Klemmbrett befestigten Papier verrichtet. Im kleinen Schreibzimmer unter dem Dach steht stattdessen nun ein Computer, von dessen Vorzügen Mey sich von Manfred Leuchter überzeugen ließ:

> Alles ist viel einfacher, vom ersten Hinwerfen einer Zeile, dem Verwerfen dieser Zeile, dem Retten dieser Zeile aus dem Papierkorb, dem Austauschen, dem Feilen, bis hin zum Aufnehmen des Demos, denn der Rechner ist ja auch ein professionelles Aufnahmestudio. Nichts ist verloren, alle Metamorphosen eines Liedes sind abgespeichert und abrufbar. Die Ideen aber, die plötzlichen Einfälle, die Gedan-

kenblitze landen immer noch auf Papierservietten, Zeitungsrändern und Kassenbons, aber dann kommen sie in die so sorgsam wie liebevoll gehütete Datenbank. Ich habe immer noch einen schwarzen BIC auf meinem Schreibtisch, zur Erinnerung an unsere früheren Manuskripte, ich hänge eben an kleinen, nicht wirklich nützlichen Gegenständen.

Am Ende jeder Schreibzeit steht das fertige Material für ein neues Album. Und in jedes neue Album fließen die Erlebnisse, Erfahrungen, Gefühle und Gedanken der Jahre ein, die seit dem Erscheinen des letzten vergangen sind. Mey schreibt auf den Punkt, beinahe alle entstehenden Texte und Lieder finden auf der Platte auch Verwendung. Wenn es Überschuss gab, dann vor allem in der Anfangszeit. Kolleginnen wie Joana oder die slowakische Chansonsängerin Hana Hegerová, deren Platten ebenfalls von Walther Richter produziert wurden, profitierten davon. Sie enthielten Mey-Stücke, die es sonst nirgends zu hören gibt.

Die Originale habe ich ausnahmslos erst für mich selbst geschrieben und nur weitergegeben, weil das Album schon voll war oder zu der Zeit gerade kein neues mit mir geplant war.

Die Texte dieser Lieder fehlen im offiziellen Songbuch. Das gilt auch für die Kollaborationen mit Udo Jürgens. Dessen unterschätztes, bis heute nicht auf CD wiederveröffentlichtes Album *Udo '71* enthält gleich zwei Texte von Reinhard Mey, zu denen Jürgens die Musik geschrieben hat. Hervorzuheben ist insbesondere »Auf meinem Tisch ein weißer Bogen«. Ein Brief, der ungeschrieben bleibt, weil die Gedanken in der Feder steckenbleiben, während draußen, vor den zugezogenen Vorhängen, schon wieder ein Tag stirbt. Zum ersten Mal live gespielt wurde das Stück erst im Juli 2005, bei Jürgens' Solokonzert auf dem Berliner Gendarmenmarkt: »Reinhard Mey hat mir mal vor etlichen Jahren diesen Text gebracht. Und er hat zu mir gesagt, hör zu, das wäre etwas für deine Art, Musik zu machen.« Das war es tatsächlich. Leider erfuhr die Zusammenarbeit mit Udo Jürgens keine Fortsetzung. Der Entertainer alter Schule an seinem Flügel und der Spielmann mit der Gitarre – man hätte eine Platte mit gemeinsam verfassten Stücken gern gehört.

»Zwei Dutzend Lieder«, schätzt Mey, sind übrig geblieben in all den Jahrzehnten. Aus den verschiedensten Gründen haben sie es nicht auf ein Studioalbum geschafft. Weil Mey mit einer Zeile vielleicht nicht ganz zufrieden war. Weil sie zu sehr einer (nun längst vergangenen) Aktualität verhaftet schienen. Oder auch, ganz schlicht, aus Platzgründen. Zumindest in einem Fall muss man das nicht mehr bedauern. Dass Mey sich dazu entschloss, »Das Raunen in den Bäumen« auf Wiedervorlage zu setzen, ist ein großes Glück. Als das Lied, das das Album *Nach Haus* eröffnet, im Frühling 2024 erschien, hatte es mindestens fünfzehn lange Jahre Archivschlaf hinter sich. Doch nun konnte man diese Reflexion über Vergänglichkeit endlich hören: »Ist es ein Abschiedsschmerz, verborgen im tiefsten Seelenverlies, / Der mich begleitet, wo immer ich bin? / Es ist Erinnerung an ein verlornes Paradies, / Es ist ein Heimweh, von dem ich nicht einmal weiß, wohin.«

Mey beginnt immer mit dem Text, die Melodie kommt danach. Er schreibt ins Offene, nicht auf ein bereits feststehendes Versmaß. Das verhilft den Wörtern zu der Freiheit, die sie brauchen. Wie gut die Texte als Gedichte und im Fall von »Das

Haus an der Ampel« auch als lyrische Prosa funktionieren, zeigt die Hörfunk-Sendereihe »Kurz und gut« des RBB, für die Mey mehrere seiner Lieder *eingesprochen* hat. In Kombination mit Musik gelten natürlich andere Voraussetzungen. Um beim Singen im Metrum bleiben zu können, lässt Mey des Öfteren unbetonte Silben weg oder betont auch mal Wörter gegen ihren Akzent. Gleichwohl, und das macht seinen Vortrag so besonders, ist stets maximale Textverständlichkeit gegeben – selbst dann, wenn ein Atemzug eigentlich gar nicht ausreicht, um all die Silben unterzubringen, die eine Zeile vorsieht.

Von Beginn an schöpfen diese Texte aus vielen Quellen. Sein Beheimatetsein im Französischen scheint Mey auch den Umgang mit der durch tausend Finsternisse hindurchgegangenen deutschen Sprache erleichtert zu haben:

> Es fiel mir nie schwer, ich kannte die Unworte der Unmenschen, sie lagen außerhalb meiner Wortwelt. Ich ging unvoreingenommen ans Werk, ich bin zweisprachig aufgewachsen. Meine Sprache war die Sprache meiner Eltern, die Sprache der Bücher, die sie mir gaben, der Gedichte, die sie zitierten oder aufsagten. Es war die Sprache meiner guten Lehrer, die mich faszinierte, ob deutsch oder französisch, die Sprache von Baudelaire, Lamartine und Brassens, von Fontane, Rilke, Ringelnatz und Kästner.

Aufgerufen wird ein weiter Raum literarischer Tradition, der von der Bibel über die Barocklyrik; von Heines Liedern über Wilhelm Buschs Bildergeschichten bis hin zu den kongenialen Disney-Übersetzungen von Dr. Erika Fuchs reicht. »Und lieg ich dereinst auf der Bahre, / Dann denkt an meine Guitahre / Und gebt sie mir mit in mein Grab.«

Rund vierhundert Lieder hat Mey seit 1966 veröffentlicht. Das zuletzt 2016 aktualisierte Songbuch umfasst in der Druckfassung achthundert Seiten, die Texte von *Das Haus an der Ampel* fehlen noch. Nicht nur wegen des beträchtlichen Umfangs kommt die Sammlung Meys Lieblingsanthologie ziemlich nahe.

> Seit ich lesen kann, habe ich mit Vorliebe Gedichte gelesen, alle Elegien, alle Oden, alle Sonette, alle Balladen. Und wenn ich auf die einsame Insel müsste, dann würde ich den *Ewigen Brunnen* mitnehmen, das ist ein dickes Gedichtbuch, in dem Tausende Gedichte sind. Und wenn man dann auf der einsamen Insel ist, hat man viel Zeit, während man den Einbaum schnitzt, hin und wieder mal ein Gedicht zu lesen. Und wenn man den Einbaum fertig hat, dann ist man immer noch nicht durch mit dem *Ewigen Brunnen*, und man möchte gar nicht wieder weg. So ist das mit den Gedichten.

Meys Ansage vom Album *Mr. Lee live* (2018) bezieht sich auf das von Ludwig Reiners erstmals 1955 herausgegebene *Hausbuch deutscher Dichtung*. Vom *Ewigen Brunnen* sind seither viele Auflagen erschienen, eine gründlich überarbeitete hat Albert von Schirnding 2005 verantwortet. Nimmt man alle Texte von Reinhard Mey zusammen, ergeben sie solch ein Hausbuch. Auch in ihnen findet der Leser, um aus Reiners' Vorrede zu zitieren, »für alle Stimmungen seines Daseins die antwortenden Gegenbilder«. Auch sie vermögen »ihn in seinen Freuden zu stärken, in seinen Leiden zu trösten und in seinem Wesen zu vertiefen und zu befreien«.

Das Besondere am *Ewigen Brunnen* ist das Prinzip seiner Gliederung. Die Gedichte sind nicht nach Autorname oder Entstehungsjahr, sondern nach inhaltlichen Gesichtspunkten ge-

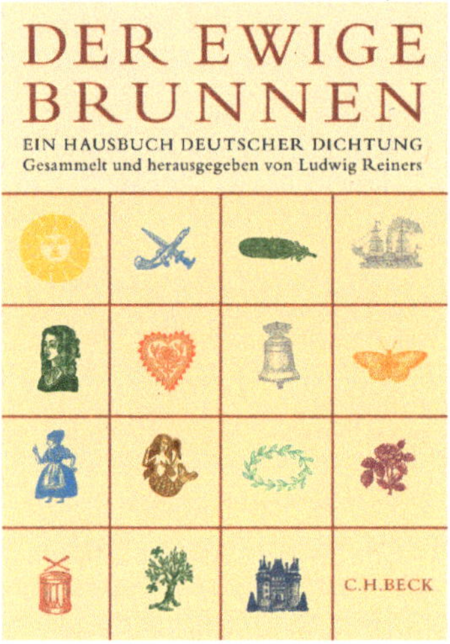

Gedichtanthologie *Der ewige Brunnen,* Ausgabe von 2014.

ordnet, fünfundzwanzig an der Zahl. Manche davon und manche ihnen nachempfundene eignen sich auch dafür, die Themenvielfalt in Meys Liedtexten wenigstens anzudeuten. Sie sollen daher im Folgenden als Zwischenüberschriften dienen.

Mein Berlin

»In tausend Liedern hat man dich besungen, / Da kommt es nun auf ein Lied mehr ja auch nicht an. / Ich hab den Kopf voll von Erinnerungen, / Mehr als ich wohl in einem Lied erzählen kann.« Es sind mehr Lieder über Berlin geworden, viel mehr. Mey, dem man das Berlinern in der Schule aberzog, hat sich immer wieder als Meister darin erwiesen, persönliche Erinnerungen mit den Zeitläuften kurzzuschließen, (Stadt-)Geschichte in Geschichten lebendig zu machen. *Wochenschau*-Aufnahmen wechseln sich dabei ab mit »Milljöh«-Skizzen wie von Heinrich Zille, die wiederum mit Live-Bildern aus der Gegenwart überblendet werden. Man könnte aus Meys Texten einen alternativen Stadtführer gewinnen. Lenken würde er einen an Orte abseits üblicher Sehenswürdigkeiten. Nach Reinickendorf etwa, wo sich der Übungsraum der Rotten Radish Skiffle Guys befand, Meys erster Band. Oder zur »Badewanne« in der Nürnberger Straße, in der einst die Großen des Jazz aufgetreten sind, allen voran Chet Baker. Meys Verhältnis zu seiner Stadt war nie ungetrübt, manchmal hat er an ihr gelitten wie ein enttäuschter Liebender. Von ihr lassen wollte er freilich nie. »Wenn ich wo einen Ort Zuhause nenne, / Dann muss da mindestens ›Berlin‹ auf'm Ortsschild stehn!«

Glück und Pflicht des Werktags

»Na, Sie hab'n wohl immer frei?«, grüßt der Nachbar spöttisch den atemlos zwischen Kindererziehung und Schreibtisch hin und her hastenden Liedermacher im Stück »Aller guten Dinge sind drei«. Nicht nur den eigenen Alltag hat Mey zum Thema gemacht. *Let's drink to the hard working people,* seien sie nun Müllmänner, Klempner oder Meteorologen. Da ist der Grubenarbeiter, der weiß, dass es für seine Plackerei nie den gerechten Lohn geben wird, und der doch ohne den Berg nicht leben kann. Da ist auch Antje, deren kleiner Imbiss an der B10 bisweilen voll ist »wie eine Notaufnahme«, was nicht nur an den guten Pommes liegt, denn Antje »kennt deinen Kummer, sie weiß wie das ist, / Wenn du fertig mit der Welt und ganz am Boden bist«. Eine Würdigung erhalten Portalfiguren der Kindheit wie der von den Schülern grausam und in Unkenntnis seiner Biographie verlachte Lateinlehrer Doktor Brand, ein ehemaliger Häftling des Konzentrationslagers Sachsenhausen. Oder Doktor Berenthal, der einst jedes Krankenzimmer in einen Ort der Hoffnung verwandeln konnte. Meys Sympathie gilt solchen Helden der Wirklichkeit. In »Drei Jahre und ein Tag« verbeugt er sich, selbst lange schon ein fahrender Geselle, vor den Handwerkern auf der Walz und ihrer Losung aus alter Zeit: »Wir alle seins Brüder, wir alle seins gleich.«

Nahe Dinge

Wer schon den »kleinen, nicht wirklich nützlichen Gegenständen« ein Denkmal setzt, tut das erst recht für die wichtigen. Die Dinge in Meys Liedern sind Zeitkapseln, stumme Zeugen gelebten Lebens. Die Kinderhose ist erst dem ältesten Sohn zu eng, dann seinem Bruder, und irgendwann passt sie auch der kleinen Schwester nicht mehr. Ihren Wert behält sie trotzdem, als Souvenir. Anderes ist auf andere Weise unverzichtbar. Der Anblick herrenloser Schuhe am Wegesrand, die Alltagslyrik der Post-it-Zettel, die Brille auf der Nase. Mey widmet ihr mit »Ohne dich« einen Doo-wop-Schmachtfetzen.

Man könnte diese Texte mit einem alten Begriff als »Dinggedichte« bezeichnen, doch anders als oft in der Tradition reduziert Mey die Dinge nicht zu bloßen Symbolen. Alles bleibt überaus konkret, das macht den Zauber aus. »E« und »R« stehen auf dem Papier, in das eine gute Seele das Butterbrot für die Reise eingewickelt hat – »E« wie »Emmentaler«, »R« wie »Reinhard«. Einen überfälligen Vorschlag macht »Das Taschentuch«: »Es gehört zu einer Eintrittskarte zum Konzertbesuch, / Falls Musik dich plötzlich aus der Fassung bringt, / Mit zum Lieferumfang eigentlich auch noch ein Taschentuch.« Spätestens zur nächsten Tour sollte Mey da unbedingt mit gutem Beispiel vorangehen.

Buch vom Essen und Trinken

Gegessen wird selbstverständlich auch in den Liedern von Reinhard Mey, eins trägt sogar den Titel »Ich liebe meine Küche«. In Lucianos Restaurant tobt das pralle Leben, und im ebenfalls italienischen »La Tartuffa« am Reichstagsufer bedient die von allen Polit-Yuppies angeschmachtete Serafina, doch die liebt Vassili, den Spüler, und eigentlich heißt sie ja auch gar nicht Serafina, sondern Valentina und kommt aus der Ukraine. Aber weitaus häufiger wird eingeschenkt, getrunken, angestoßen. »Wein, Wein, Wein, verdammt lange Geschichte mit uns zwein«. Mey hat sie auf vielerlei Arten erzählt. Und das gilt nicht nur für jenen »bill'gen roten Wein«, mit dem sich so gut alten, aus den Augen verlorenen oder verstorbenen Freunden nachtrinken lässt. Im »Lied zur Nacht« könnte das letzte Glas bereits das allerletzte sein, denn was der nächste Tag bringt, ob Frieden, ob Krieg, weiß niemand; am Horizont flackern schon die Mündungsfeuer. Dagegen ist es in »Sie ist zu mir zurückgekommen« von 1971, Meys aufgekratztestem Stück, mit Wein nicht getan. Die Rückkehr der Geliebten lässt alle Dämme brechen: »He, Schankwirt, her mit Schnaps und Bier, / Für meine Freunde, die mit mir / Die Auferstehung feiern wollen. / Das soll heut ein Besäufnis sein, / So schwarz, dass eure Kinderlein / Einst noch davon erzählen sollen!«

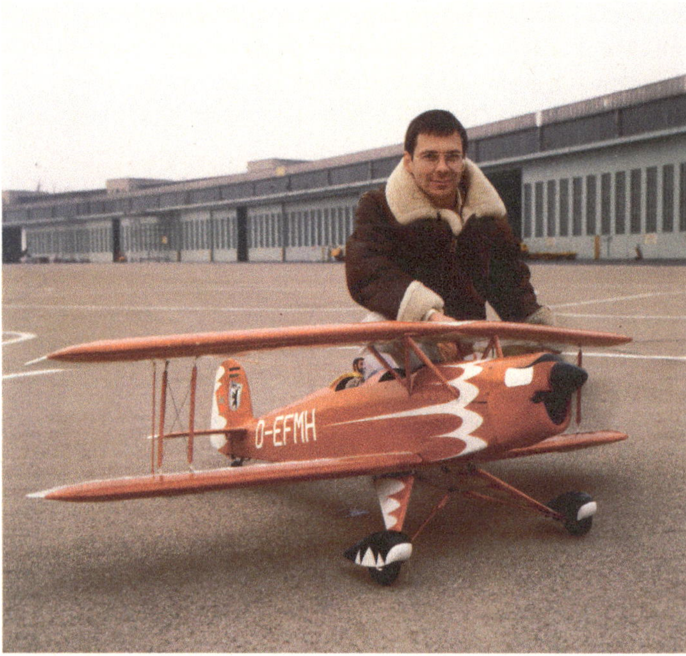

Mit einem Modell seiner in Spanien gebauten CASA 1.131E Jungmann. Die Aufschrift FMH verweist auf Frederik, Max und Hella Mey, 1984.

Buch des Fliegens

Nein, nicht nur in »Über den Wolken« geht es ums Fliegen. Mey hat seinem »letzten Kindertraum« noch andere Lieder gewidmet. Manche, wie »Alleinflug«, schaffen es, auch der Sprache alle Last zu nehmen: »Und eindrehn und neigen, ausrollen und steigen, / In rauschendem Reigen, in sprachlosem Schweigen, / Sich winzig zu wissen und zugleich so groß, / Erhaben und glücklich und schwerelos«. In »All die sturmfesten Himmelhunde« erscheinen berühmte Flieger dem dösenden Ich im Traum, Lindbergh, Saint-Exupéry, die Gebrüder Wright und Halvorsen, »der flog die Luftbrücke«. Ein anderes Lied gedenkt Otto Lilienthal. Doch wird nicht verschwiegen, dass Flugzeuge auch Verderben bringen können, so, wie es geschah am Himmel über Rotterdam und Coventry, Dresden und Hiroshima; so, wie es immer noch Tag für Tag geschieht.

1973 hat Mey die Privatpilotenlizenz erworben, 1976 die Instrumentenflugberechtigung. 1982 folgte die Ausbildung zum Privathubschrauberführer. Irgendwann hat er die Lizenzen bewusst verfallen lassen, nur um sie später doch noch einmal zu aktivieren. Selbst der endgültige Abschied vom Fliegen war so endgültig nicht. Meys Sohn Frederik hat den Staffelstab übernommen. Er ist Pilot geworden und fliegt große Transportmaschinen rund um die Welt. Nicht der unpassendste Beruf für einen, der von seinem Vater den dritten Vornamen »Ikarus« bekommen hat.

Buch des Dichters

Ob »Ich wollte wie Orpheus singen« tatsächlich das allererste Lied ist, das er selbst geschrieben hat, weiß Reinhard Mey nicht mehr so genau, es könnte auch das zweite oder dritte gewesen sein. Eines seiner wichtigsten ist es geblieben. Mit dem Titelsong der Debüt-LP von 1967 war ein Vorsatz formuliert, der bis heute gilt – zu singen von Liebe und Ewigkeit und von allem dazwischen. Erstaunlich selten jedoch handeln die Lieder von ihrer eigenen Entstehung. Als leise Alternative zu lauten und daher des Nachts kaum durchführbaren Handwerkstätigkeiten erscheint das Liederschreiben im frühen »Längst geschlossen sind die Läden«. Und »An meinen Bleistift«, 2020 veröffentlicht, besingt den »verschwiegene[n], gute[n] Gefährten« in einsamen Schreibstunden: »Schon manche Zeile sind wir zwei ein merkwürdiges Gespann, / Du wirst zu meinen Liedern und du verzehrst dich für mich«. Aber richtig zur Sache spricht eigentlich nur das selbstironische »Noch'n Lied«. Auf den nach monatelanger Schreibzeit wieder ins normale Leben zurückkehrenden Sänger wartet nicht Applaus, sondern eine genervte Familie, die ihn am liebsten gleich wieder in Klausur schicken würde. Liedvorschläge gibt es gratis dazu: »Nicht immer nur Luftaufsichtsbaracke, / Hau mal richtig auf die Kacke!«

Lustige Begebenheiten

»Die stillen Lieder können zeitlos sein. Die satirischen sind Momentaufnahmen und dadurch vergänglicher. ›Ich wollte wie Orpheus singen‹ habe ich heute noch in meinem Programm, ›Frau Pohl‹, die ich immer noch liebe, aber eher nicht.« Man widerspricht Reinhard Mey nur ungern, aber hier muss es sein. Die »Trilogie auf Frau Pohl«, das Hohelied auf eine spießige Zimmerwirtin, ist mehr als eine vergängliche Momentaufnahme. Sie hat nichts von ihrem anarchischen Witz eingebüßt. Man lacht über dieses Lied, aber auch über Verwandtes aus Meys Katalog, wie ehedem.

Immer geht etwas schief, fällt etwas um, gibt es Missverständnisse. Jemand glaubt Erdöl in seinem Garten gefunden zu haben, bald glaubt es die ganze Welt. Ein anderer schaut falsch auf den Kalender, schon trifft ihn der Fluch eines Freitags, des 13. Eine zu früh hergeschenkte Weihnachtskeksdose löst eine verhängnisvolle Kettenreaktion aus. Ähnlich wie Loriot weiß Mey um die Komik, die sich einstellt, wenn Fachterminologie gelassen ausgesprochen wird, egal, ob sie nun aus dem Sanitärwesen stammt (»Rücklaufkrümmer«, »Halbrundstück«), vom OP-Tisch (»Jejunum«, »Gelenkmoment«) oder aus dem Verwaltungshandbuch (»Gültigkeitsvermerk«, »Durchschriftexemplar«). Zu »Ein Antrag auf Erteilung eines Antragformulars« existiert ein Video, das für eine TV-Show in den 1970er Jahren gedreht wurde. Mey spielt alle Rollen selbst. Kafkaesker Behördenirrsinn, verfilmt wie von Didi Hallervorden.

Buch der Kinder

Er sei vor elf Monaten zum ersten Mal Vater geworden, bekennt Mey auf der Tournee 1977, und darüber wolle er nun ein Lied singen. »Das habe ich aber schon während *unserer* Schwangerschaft angefangen und nicht erst danach.« An den Reaktionen im Saal hört man, wie überrascht die Menschen damals noch über solche Neudefinitionen der Vaterrolle gewesen sind. Mehr als wohl jeder andere seiner Kollegen hat Mey das Vatersein zum Thema seiner Texte gemacht.

»Menschenjunges«, der erste davon, entstand zu einer Zeit, als man Vätern gerade erst erlaubt hatte, bei der Geburt im Kreißsaal anwesend zu sein. Dass Mey über diese Erfahrung, »dem Leben in die Karten [zu] sehn«, ebenso sang wie später über Glück und Tücke des Familienalltags, haben seither immer neue Elterngenerationen entdeckt. »Ich gehör mir nicht mehr allein, / Nein, ganz frei werd ich nie mehr sein, / Ganz sorglos

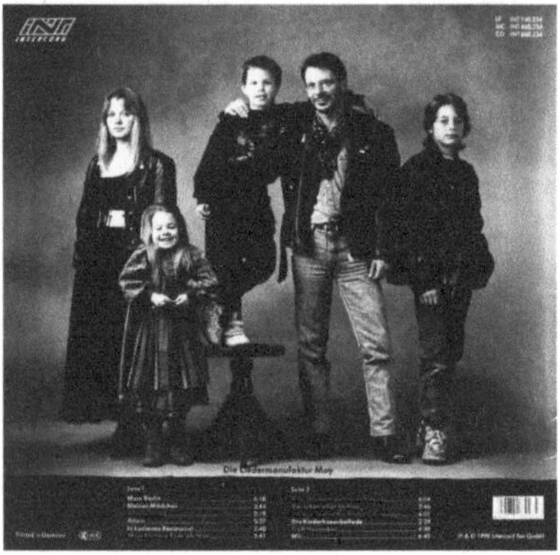

Reinhard Mey und Familie auf der Cover-Rückseite des Albums *Farben*, 1990.

und ganz unbeschwert. / Jede Entscheidung, jeden Schritt, / Jeden Gedanken lenkst du mit, / Solange, wie ich denken werd«, heißt es in »Abends an deinem Bett« von 1981. Mey hat diese Gedanken über die Jahrzehnte mit seinem Publikum geteilt. Inzwischen gelten sie nicht nur seinen drei Kindern, sondern auch den Enkeln. Und alles beginnt von vorn. »Noch einmal darf ich weit in den Saal der Zeiten sehen, / Weit über den Lebenshorizont vor mir, / Noch einmal darf ich an einer Wiege stehen, / Noch einmal in Demut neig ich mich zu dir.«

Buch der Tiere

Frei! heißt ein Benefiz-Sampler, den Mey 2005 zugunsten der SOS-Kinderdörfer veröffentlicht hat. Die Platte mit Dürers Feldhasen auf dem Cover enthält vierzehn Tierlieder aus drei Jahrzehnten. Schon das älteste, »Es gibt keine Maikäfer mehr«, ist ein Requiem. Später weicht der elegische Ton Entsetzen und Zorn über das Tieren von Menschen zugefügte Leid. »Erbarme dich«, singt Mey im gleichnamigen Klagelied, das den Schlachttransport von zwei Dutzend elend zusammengedrängten Pferden schildert, dreitausend Kilometer von Litauen bis nach Sardinien, wo nur ein achtlos gesetzter Bolzenschuss wartet; »erbarme dich der Kreatur, / Sieh hin und sag nicht, es ist nur Vieh!« Andere Stücke drehen die Erzählperspektive um. Dann sind es die Tiere selbst, die von ihrem zur Hölle gemachten Leben berichten: der zum Spielzeug deformierte Schoßhund, der aufs Korn genommene Hase, das seiner Würde beraubte Schwein. »Etwas Bess'res als den Stall findest du überall, / Und sei's der Tod auf der A7, Rasthof Allertal«, sagt Luise, die Anführerin einer Gruppe entlaufener Kühe, zu ihrer besten Freundin, die Thelma heißt. Ein Roadmovie mit offenem Ende. Aber zumindest einmal ist es gut ausgegangen, und das weiß Luise, sonst würde sie nicht die Brüder Grimm zitieren. Auch wenn es leider nur ein Märchen war, damals, in Bremen.

Buch der Liebe

»Und wenn wir alle Geheimnisse des Universums entdeckt und alle Wunder erklärt haben, bleibt die Liebe der letzte geheime Code, den wir nicht entziffern werden.« Meys 1993 veröffentlichte Kompilation *Ich liebe dich*, aus deren Begleittext der Satz stammt, versucht es dennoch. Auch »Wie vor Jahr und Tag« ist enthalten, das Lied, das die *taz* – tatsächlich die *taz*! – einmal zu der Frage veranlasst hat: »Wo hat man denn ein bedeutenderes Liebeslied für Erwachsene gehört?« Im Zweifelsfall höchstens auf einer von Meys anderen Platten.

Allesamt enthalten sie Fragmente einer Sprache der Liebe, die auch das Verschattete, Schmerzhafte nicht ausspart: »Es ist wohl ein unsel'ges Gesetz, das uns lenkt, / Das da will, dass man grad, wen man am meisten liebt, / So unbedacht demütigt und grundlos kränkt«. Und dann sitzt man wieder einmal in Wenningstedt Mitte im kleinen Café neben dem Bäcker, in das man nach einem Streit geflohen ist, draußen fährt der Bus vorbei, und man fragt sich, warum einem das Bitten um Entschuldigung nur so verdammt schwerfällt. Denn eigentlich ist da doch die Gewissheit, dass die Liebe nimmer aufhört. In gleich mehreren Texten des Spätwerks zitiert Mey diesen zentralen Satz aus dem ersten Korintherbrief. Auch im an ein Kirchenlied erinnernden »Lass Liebe auf uns regnen« wird er zur Beschwörung einer Verbindung, die alle Stürme der Zeit übersteht. »Lass uns immer neu begegnen – / Lass es immer so sein.«

Buch des Todes

Zwar nicht als liebsten Gast, doch immerhin willkommen heißt das Ich den Tod schon in »Grüß dich, gestern« von 1970, da war Mey gerade einmal Ende zwanzig. Nicht viel später heißt ein Lied »Mein Testament«. Es enthält genaue Instruktionen für den Fall der Fälle, vom Vererben der nicht getrunkenen Weinflaschen bis hin zur Grabinschrift: »Hier liegt einer, der nicht gerne, aber der zufrieden ging«. Nach einer glücklich verlaufenen Notlandung mit dem eigenen Flugzeug entsteht »Lass es heut noch nicht geschehen«, eine von Lebenswillen beseelte Bitte um Aufschub des Unvermeidlichen. Meys Beschäftigung mit dem Tod kokettiert nicht, ihr haftet auch nichts Morbides an. Sie deutet auf das Hier und Jetzt, ob beim Studieren der

Traueranzeigen in der Zeitung oder beim Gang über den Friedhof. Sie »mahnt uns eben, / Jede Minute bis dahin / Wie ein Geschenk mit wachem Sinn, / In tiefen Zügen zu erleben.«

»Wie möchten Sie sterben?«, will bekanntlich Marcel Prousts Fragebogen von jedem wissen, der ihn ausfüllt. Meys Antwort führte zu einem Lied: »Wie ein Baum, den man fällt, / Eine Ähre im Feld, / Möcht ich im Stehen sterben«. Und wenn nicht im Stehen, dann von zwei tätowierten Rettern aus dem »Goldenen Hahn« getragen, nach einem letzten, wirklich allerletzten Gelage mit »Wein und Schmaus und Saitenspiel«.

Kennst du das Land?

Meys Arbeit den politischen Gehalt abzusprechen, mag in den aufgeregten Tagen der Studentenrevolte noch angegangen sein, auch wenn es schon damals nicht gestimmt hat. Wer es aber heute noch tut, urteilt entweder bewusst falsch oder hat kein Album je ganz durchgehört. »Mein dunkles Land der Opfer und der Täter, / Ich trage einen Teil von deiner Schuld. / Land der Verratenen und der Verräter, / Ich übe mit dir Demut und Geduld«, singt Mey im elegischen, einer Hymne denkbar fern stehenden Deutschlandlied »Mein Land«. Doch manchmal ist keine Zeit für Geduld. Meys Verachtung gilt allen Formen von Skrupellosigkeit, Glücksrittertum, Unehrlichkeit, Korruption und Machtmissbrauch. Besonders in den 1990er Jahren bricht sie sich Bahn in zornigen Berichten zur Lage der Nation. Indes mochte man Zeilen wie die aus »Sei wachsam« nicht überall hören: »Der Minister nimmt flüsternd den Bischof beim Arm: / Halt du sie dumm – ich halt sie arm«. Forderungen des Bayerischen Rundfunks, auf das Stück bei der Aufzeichnung von *Songs an einem Sommerabend* zu verzichten, veranlassten Mey die Moderation der Fernsehsendung, die er jahrelang innegehabt hatte, abzugeben. In der Tat: »Sag die Wahrheit, und du hast bald nichts mehr zu lachen.«

Einsamkeit und Schwermut

Auch wenn es das Klischee nicht wahrhaben will – selbstverständlich geht es in Meys Liedern oft verzweifelt, fast schwarz zu. Man findet in ihnen, noch einmal ein Zitat von Manfred Maurenbrecher, »Formulierungen, Einkreisungen, Strophen [...], in denen sich alles infrage stellt«. Und das in sämtlichen Werkphasen. »Es schneit in meinen Gedanken«, schrieb Mey schon 1975. Als »meine ganze Biographie in drei Minuten« hat er fast dreißig Jahre später »Ich singe um mein Leben« bezeichnet. Man sieht den Schlag nicht kommen, daher erwischt einen die Schlussstrophe frontal: »Vielleicht hab ich aus alter Zeit / Eine Schuld abzutragen. / Vielleicht, weil sich im Widersinn / Freude und Schmerz verbinden, / Muss ich, auch wenn ich glücklich bin, / Immer Trauer empfinden.«

Ums Leben zu singen heißt: ansingen gegen die Angst. In der Nacht stellt sich das Gefühl existenzieller Einsamkeit ein, als wäre die Kindheit nie zu Ende gegangen. Dagegen könnte der Besuch helfen, den man so lange schon aufgeschoben hat, der Anruf, für den nie Zeit war. Doch der richtige Moment ist längst verpasst. »Es ist immer zu spät« thematisiert den Abbruch aller Verständigung. Als die atmende, an- und wieder abschwellende Musik endgültig verklingt, dröhnt die Vergeblichkeit in der Stille nur umso lauter. Die Vorsätze und das Sehnen münden am Ende in ein einziges Wort: »vorbei«.

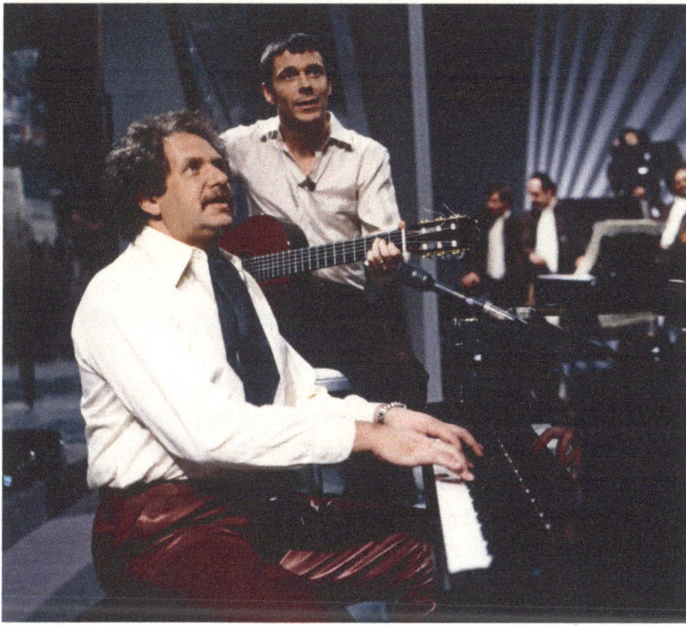

In der ZDF-Musiksendung *Liedercircus* mit Mort Shuman, 1981.

Von Hunden und Menschen

»Komm, George, erzähl«, bittet Lennie. »Bitte, George, wie früher.« Und George erzählt, wie alles sein wird, wenn sie endlich Geld haben; wenn sie im eigenen Haus am Ofen sitzen und hören können, wie der Regen aufs Dach trommelt. Lennie und George, die beiden Erntehelfer aus John Steinbecks Roman *Of Mice and Men* (1937), durchstreifen nicht nur Meys Lieder »51er Kapitän« und »Nein, ich lass dich nicht allein« wie

Schutzengel. Zusammen mit dem amerikanischen Sänger Mort Shuman hat Mey Steinbecks Figuren in einer TV-Show sogar einmal für ein paar Minuten verkörpert:

> Der Gedanke hinter Lennies und Georges Geschichte, »Einer trage des anderen Last«, ist für mich das Fundament unseres Zusammenlebens. Liebe, Freundschaft, Hilfsbereitschaft und Treue in schönem wie in schwerem Wetter, das sind die besten Eigenschaften der Menschen – und auch der Tiere, wie Wotan und Wolf uns zeigen.

Wotan und Wolf, die beiden Wachhunde vom Autofriedhof in Duisburg-Asterlagen, geben ebenso aufeinander acht wie die menschlichen Protagonistenpaare in Meys Liedern. Der Vater, der sein Kind, das im Rollstuhl sitzt, bei einem Konzertbesuch die ganze Zeit über im Arm hält. Kati und Sandy aus der zehnten Klasse, die in einer trostlosen Welt wenigstens einander gefunden haben. Und Gerhard, der einem Fremden vom Tod seiner großen Liebe Frank erzählt und auch von Franks letzter Reise, »nach Zürich, one way«.

Buch des Mutes und der Tapferkeit

Eines von Meys Lebensliedern ist Boris Vians radikalpazifistisches Chanson »Le déserteur« von 1954. Wie das Ich in »Le déserteur« per Brief seine Fahnenflucht verkündet, wendet sich auch der Vater in »Nein, meine Söhne geb ich nicht« an die Herren des Krieges: »Kein Ziel und keine Ehre, keine Pflicht / Sind's wert, dafür zu töten und zu sterben, / Nein, meine Söhne geb ich nicht!« Mey ist im zerstörten Berlin aufgewachsen, von den Eltern hat er den Satz »Nie wieder Krieg« als unumstößliches Gebot mit auf den Weg bekommen. Seine Lieder hören nicht auf, für den Frieden zu werben und ein Niederlegen der Waffen zu fordern. »Gewalt wird neue Gewalt gebären, / Terror wird neuen Terror nähren«, lautet in »Kai« die bittere Bilanz. Zurück bleiben die fassungslosen Eltern eines bei einem Auslandseinsatz der Bundeswehr getöteten Soldaten.

Aus dem Wachhalten der Erinnerung an das heillose 20. Jahrhundert erhält Meys Position ihre Glaubwürdigkeit. »Die Kinder von Izieu« erzählt die wahre Geschichte von vierundvierzig jüdischen Kindern, die in einem Waisenhaus im besetzten Frankreich versteckt gehalten wurden und am Ende ihren nationalsozialistischen Mördern doch nicht entgingen. Das Lied zitiert Jean Ferrats Chanson »Nuit et brouillard«, das sich wiederum auf Alain Resnais' gleichnamigen, 1956 uraufgeführten Dokumentarfilm über die deutschen Konzentrationslager bezieht. Meys pazifistische Lieder können als fortgesetzte Anstrengung begriffen werden, sich der Barbarei und ihrer Folgen stets bewusst zu bleiben. »Ich rede und ich singe, und wenn es sein muss, werd ich schreien«

Buch der Erinnerung

Man vergisst nichts. Man vergisst gar nichts. Mey hat in seinen Liedern den Blick früh schon »erinnerungswärts« gerichtet, schon auf den ersten LPs. »Ich denk, es war ein gutes Jahr« oder das Halbjahresfazit »71 ½« gewinnen aus der Rückschau den Mut zum Weitermachen, selbst wenn sich nicht alle Hoffnungen erfüllt haben. Mit Vorsatz wird auf die Vergangenheit zugegriffen auch in Momenten, in denen sich eine Tür für immer schließt, weil ein Lebensabschnitt zu Ende gegangen ist. Die ersten grauen Haare, der dreiunddreißigste Geburtstag, irgendwann auch der fünfzigste – Mey waren sie Anlass, kurz innezuhalten und, durchaus gelassen, Bilanz zu ziehen.

Doch es gibt auch die unwillkürliche Erinnerung. Ein Wort, ein Ton, ein Geschmack, ein Tritt auf unebenes Kopfsteinpflaster holt das Verdrängte und längst vergessen Geglaubte mit überwältigender Kraft zurück in die Gegenwart. Der Film läuft noch einmal ab, und obwohl man so sehr hofft, er möge dieses Mal einen anderen, einen besseren Schluss haben, weiß man doch, dass es kein Happy End geben wird: »Und hörst du nicht, wie mein Herz bricht?« Mey spricht diese Zeile am Ende von »Hörst du, wie die Gläser klingen«, schon ins Schweigen hinein. Es ist die erschütterndste Stelle im gesamten Werk.

Reinhard Mey: Fünf Lieder über …

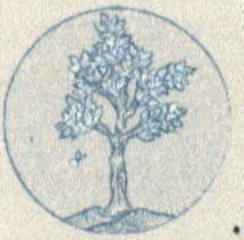

… die Natur

- Sommer (1981)
- Das Meer (1988)
- Fünf Gartennelken (1988)
- Paradies (2000)
- Ficus Benjamini (2010)

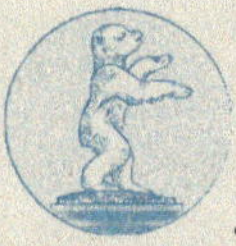

… Berlin

- Ich trag den Staub von deinen Straßen (1971)
- Berlin tut weh (1986)
- Das Foto vor mir auf dem Tisch (1986)
- Mein Berlin (1990)
- Heimweh nach Berlin (2016)

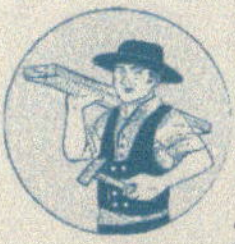

... Berufe

- Ich bin Klempner von Beruf (1974)
- Im Berg (1983)
- Doktor Berenthal kommt (2000)
- Drei Jahre und ein Tag (2007)
- Vaters Mantel (2013)

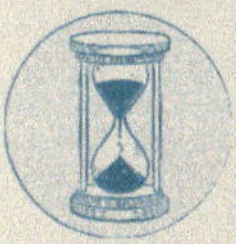

... Erinnerung und Vergänglichkeit

- Die Zeit des Gauklers ist vorbei (1974)
- Es ist immer zu spät (1998)
- Viertel vor sieben (1998)
- So viele Sommer (2016)
- Hörst du, wie die Gläser klingen (2016)

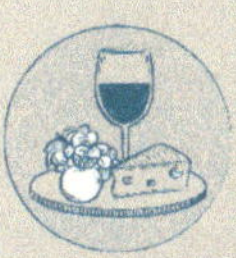

... Essen und Trinken

- Komm, gieß mein Glas noch einmal ein (1970)
- Sie ist zu mir zurückgekommen (1971)
- Freunde, lasst uns trinken (1980)
- In Lucianos Restaurant (1990)
- Was will ich mehr (2020)

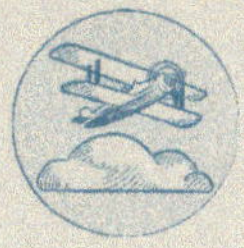

... das Fliegen

- Über den Wolken (1974)
- Alleinflug (1980)
- Es ist doch ein friedlicher Ort (1985)
- Golf November (1990)
- Vater und Sohn (2013)

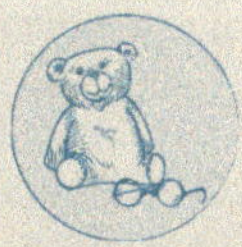

... Dinge

- An meine alte Jacke (1983)
- Die Kinderhosenballade (1990)
- Mein roter Bär (1996)
- Das Butterbrot (2010)
- Questo tavolo non si vende (2024)

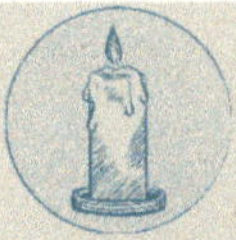

... den Tod

- Wie ein Baum, den man fällt (1974)
- Atze Lehmann (1975)
- Allein (1990)
- Lass nun ruhig los das Ruder (2013)
- Gerhard und Frank (2020)

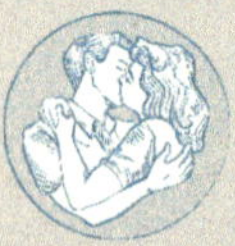

... die Liebe

- Herbstgewitter über Dächern (1972)
- Sommermorgen (1980)
- Ich hab meine Rostlaube tiefergelegt (1990)
- Ich liebe dich (1992)
- Lass Liebe auf uns regnen (2000)

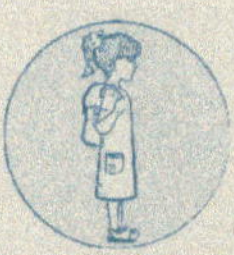

... Kinder

- Kleines Mädchen (1990)
- Zwischen allen Stühlen (1990)
- Du bist ein Riese, Max! (1992)
- Maikäfer fliege (1994)
- Drei Kisten Kindheit (2007)

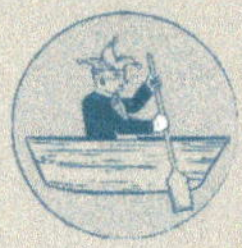

... Gesellschaft und Politik

- Nein, meine Söhne geb ich nicht (1986)
- 3. Oktober '91 (1992)
- Das Narrenschiff (1998)
- Mein Land (2002)
- Kai (2007)

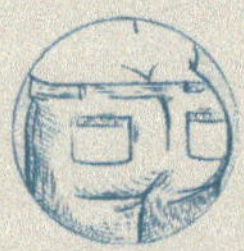

... allzu Menschliches

- Ankomme Freitag, den 13. (1969)
- Hab Erdöl im Garten (1975)
- Ein Antrag auf Erteilung eines Antragformulars (1977)
- Es ist Weihnachtstag (1986)
- Pöter (1996)

»Da bin ich wieder« – Die Konzerte

Es gibt den einen, den klassischen Eröffnungssong eines Reinhard-Mey-Konzerts: »Freundliche Gesichter« erinnert an die frühen Tage des Unterwegsseins, als der Sänger sein Publikum gerade erst zu finden begann. An den Anfang der Setlist gesetzt, ist das Lied Dank und Hoffnung zugleich – dass der Pakt mit den Menschen in dem dunklen, schon lange nicht mehr »winz'gen« Saal auch dieses Mal halten möge:

> Ich weiß, dass ich mich gut aufgehoben fühlen kann in Ihrer Mitte, aufgefangen, angenommen. Das ist das Gefühl, das ich immer gesucht habe. Ganz sicher bin ich deswegen überhaupt nur Musikant geworden, Liedermacher. Ich habe dieses Gefühl gesucht in den Zimmertheatern, in den Kneipen, in den Chansonkellern, in den Folkpubs. [...] Die Sehnsucht danach ist so alt, und sie ist immer wieder neu. Sie ist der Motor, der mich dazu bringt, loszugehen, immer wieder loszuziehen.

Einer der »Folkpubs«, von denen Mey im November 2008 bei seinem Konzert in München spricht, befand sich in Berlin-Charlottenburg. Er fungierte ebenso wie der »Steve Club«, das

»Danny's Pan« oder das »Go-In« als Wohnzimmer der Berliner Liedermacherszene. Eine Viertelstunde, länger dauerten die einzelnen Auftritte nicht, dann kamen schon die Nächsten dran, und die Nächsten hießen Insterburg & Co., Ulrich Roski, Schobert & Black, Hannes Wader oder eben Reinhard Mey. Ein abendfüllendes Programm hatte noch niemand vorzuweisen. Da lag es nahe, sich zusammenzutun, wenn man sich auch außerhalb der Stadtgrenzen Gehör verschaffen wollte.

Mit Hannes Wader war Mey schon nach der ersten Begegnung auf der Burg Waldeck 1966 wieder zurück nach Berlin gefahren. Jetzt brachen sie gemeinsam zu einer Reise durch Deutschlands Clubs und Süddeutschlands Kellertheater auf. Als Tourbus diente ein alter, von Meys Eltern gestifteter VW Käfer. Auf dessen Rücksitz lagen die Platten, die nach den Konzerten verkauft werden sollten. Wader überließ seinem Freund Reinhard die Planung der Tour, die Verhandlungen mit den Veranstaltern und, mangels Führerschein, auch den Fahrersitz. Abends auf der Bühne wurde aus zwei Repertoires ein Programm. Meys eher empfindsame Chansons und Waders eher schnoddrige Talking-Blues-Stücke begannen miteinander zu korrespondieren, wie konnte es auch anders sein bei zwei Musketieren, die beide von Georges Brassens beeinflusst waren. Und wenn das Material nicht ausreichte, dann sang Mey ein Stück von Wader kurzerhand noch einmal auf Französisch und hoffte, dass es keinem auffallen würde.

Einen »Spaziergang in Harmonie« nennt Wader das in seiner Autobiographie. So hätte es weitergehen können und auch sollen, wenn es nach dem Willen von Wader und dem Veranstalter Karsten Jahnke gegangen wäre. 1700 Zuschauer waren im November 1970 ins Hamburger Audimax gekommen, um Mey und Wader zu hören, ausverkauft. Eine ge-

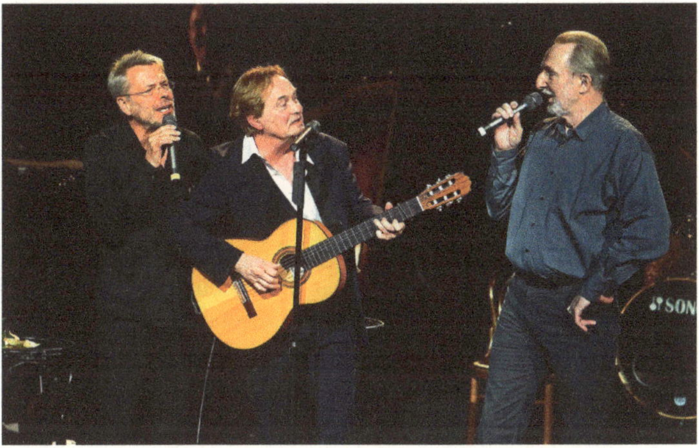

Jahrzehnte nach den ersten gemeinsamen Auftritten: 2011 mit Hannes Wader und Klaus Hoffmann bei der Gala zu Hoffmanns 60. Geburtstag im Berliner Friedrichstadtpalast.

meinsame Tournee durch größere Hallen sollte folgen, doch Mey lehnte Jahnkes Angebot ab. Vielleicht hat er geahnt, dass Wader es bald auch alleine schaffen würde. Was seine eigene Karriere betraf, konnte er sich da seit dem 30. April 1970, seit seinem ersten Solokonzert im Wiener Konzerthaus, fast schon sicher sein: »Bewahre jedes Bild einer langen Kamerafahrt / Aus der Vergangenheit hinüber in die Gegenwart, / Und lächelnd in der Schlussszene der Junge aus Berlin / Mitten in Wien.«

Die »Schlussszene« dauert bis heute an, Wien war nur der Anfang. Das Lied, das Mey fünfzig Jahre später über seine frühen Tage in Wien geschrieben und im Oktober 2022 auch beim

Tournee-Abschluss im Wiener Konzerthaus gespielt hat, handelt von lauter Premieren: Zum ersten Mal in einem großen Hotel untergebracht sein, zum ersten Mal die eigene Musik im Radio hören, zum ersten Mal »freundliche Schatten vom Parkett auf zu den Galerien«. Zum ersten Mal der Glaube, es wirklich geschafft zu haben.

Am 12. Dezember folgt schon der nächste Höhepunkt in diesem an frühen Karrierehöhepunkten nicht armen Jahr 1970. Der Soloauftritt in der Berliner Hochschule für Musik wird mitgeschnitten und unter dem schlichten Titel *Live* als Doppelalbum veröffentlicht. Kurz darauf kann die Plattenfirma schon eine Sonderausgabe inklusive Riesenposter auf den Markt bringen, denn *Live* erhält Gold. Spätestens jetzt dürfte es auch einem größeren Publikum eingeleuchtet haben, warum Mey im Konzert auf die Unterstützung einer Band verzichtet. Nicht nur, weil er darauf angewiesen ist, dass man alle seine Texte verstehen kann. Sondern auch, weil er auf diese Weise nur seinem eigenen Tempo folgen muss und dadurch jederzeit in der Lage ist, spontan auf das Publikum reagieren zu können. Die CD-Version von *Live* hält so einen Moment fest. Während »Ankomme Freitag, den 13.« kommt es zu Unruhe im Saal, Mey murmelt gar etwas von einer »Völkerwanderung«, daher wird das Lied nach der sechsten Strophe abgebrochen und neu begonnen, alles geschieht innerhalb weniger Sekunden: »Es rappelt *abermals* am Briefschlitz …«

Wie viele Auftritte die erste große Deutschlandtour umfasst hat, verrät die offizielle Biographie auf Meys Homepage nicht. Doch weiß sie von erstaunlichen 142 Auftritten in Deutschland, Österreich und der Schweiz bereits 1972. »Für Reinhard Mey ist die Zeit der Keller, in denen er für Cola und Würstchen sang, vorbei. […] Seit wenigen Monaten fährt er im Porsche von Veranstaltung zu Veranstaltung, kreuzt zwischen Paris und Berlin, ist Zöllnern und Grenzern wohlbekannt«, verkünden die Liner Notes des *Live*-Albums stolz. Organisiert werden Meys Konzerte bis zum Jahr 2005 von Peter Graumann. Mey hat dem »freundliche[n] Hüne[n]« Graumann 1992 ein Lied gewidmet und darin den Willen bekräftigt, zusammen weiterzumachen, »bis wir steinalt und schlohweiß sind«. Es hat nicht hingehauen. Peter Graumann ist im Oktober 2005 gestorben.

Aber davor galt für Mey, Graumann und den für die Bühnentechnik zuständigen Klaus Kunzendorf die Abwandlung von Eichendorffs Vers aus dem *Taugenichts*: Wem Gott die rechte Gunst erweisen will, den schickt er einfach auf Tournee. Die den Live-LPs der 1970er und 1980er Jahre beigefügten Fotos vermitteln einen Eindruck von Meys Liederreisen aus dieser Zeit. Sie strahlen eine sonnige *On the road*-Romantik aus, wie es sie wohl nur gibt, wenn der Zauber des Anfangs noch intakt ist und alles für die Bühne Benötigte problemlos in einen roten VW-Bus passt, ab in die nächste Stadt. »Ich hätt noch so viel zu sagen, / Klaus kommt und packt mich am Kragen, / Türe zu, ein letztes Winken, und Peter gibt Gas.«

Wenn auch noch nicht bei den ersten Tourneen, so muss sich doch irgendwann ein Plan herauskristallisiert haben, eine Form des Unterwegsseins, eine Struktur, an der Mey dann eisern festgehalten hat. Vor mir liegen zwei alte Programmhefte, eins vom Ende der 1980er Jahre, das andere von 1992. Die beiden Seiten mit den Tourdaten ließen sich fast problemlos austauschen, so sehr ähneln sie sich. Zum größten Teil sind es dieselben Hallen in denselben Städten, die in denselben Wochen des Jahres bespielt werden. Wie so viele andere begannen diese Tourneen kurz vor oder kurz nach Herbstbeginn und ende-

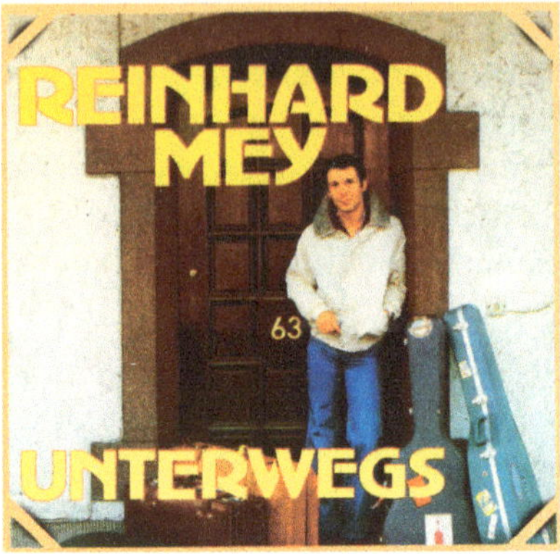

Cover der Live-LP *Unterwegs*, 1978.

ten höchstens acht Wochen später, weil Mey rechtzeitig zu den Geburtstagen seiner Kinder daheim sein wollte. Häufig schlossen sich im Frühjahr noch kürzere Abstecher nach Österreich und in die Schweiz an, doch dann war wieder Schluss bis zum Herbst des Folgejahres, wenn die Deutschlandtournee zur nächsten Platte begann. Bis die Intervalle zwischen den Tourneen größer wurden, ab 2008, gab es über Jahrzehnte keine Ausnahme von der Regel.

Wobei diese kalendarische Verlässlichkeit noch nicht einmal das Bemerkenswerteste an Meys Tourplanung war. Einzigartig machte sie der Takt, mit dem die einzelnen Konzerttermine aufeinanderfolgten. Mey wollte sechzig Gigs spielen, und veranschlagte dafür – exakt sechzig Tage. Pausen, also sogenannte Off-Tage? Fehlanzeige. Wenn nicht gerade irgendwo doppelt gastiert wurde, hieß das sechzigmal hintereinander: neuer Tag, Fahrt in die nächste Stadt, andere Halle, neues Konzert. »Wie auf 'ner Galeere, aber glücklich und frei dabei«, singt Mey in »Unterwegs« von 1978.

Warum tut sich einer das an? Warum kein Luftholen zwischendurch? Beliebte Interviewfragen. Meys Antwort blieb immer gleich. Weil der Rhythmus sonst weg wäre. Weil jede Unterbrechung ein Loch ins sorgsam geknüpfte Netz aus Vorbereitung, Anspannung, Geistesgegenwart und Erfahrung risse. Zudem müsste er am freien Tag die Stimme trainieren. Dann doch lieber gleich ein richtiges Konzert spielen. Daran hat sich auch nichts geändert, als die Zahl der Auftritte pro Tournee abnahm und im Gegenzug die Hallen größer wurden, um das Publikumsinteresse weiterhin befriedigen zu können. Off-Tage kommen bei Mey noch immer so häufig vor wie ein verspäteter Konzertbeginn oder ein Auftritt ohne Lampenfieber.

Dass sich das Lampenfieber nicht nur aus dem Wissen speist, was alles an einem Abend auf der Bühne schiefgehen kann, zumal wenn man keine Band um sich geschart hat, die einen Teil der Aufmerksamkeit auf sich zieht, stellt das Stück »Du musst wahnsinnig sein« klar. Das Lampenfieber resultiert auch aus dem Respekt vor den Menschen im Saal und vor ihrer Bereitschaft, dem Künstler ihre Zeit anzuvertrauen. Für ihn ist es vielleicht der x-te Auftritt, für die allermeisten im Publikum aber ist es der erste und einzige der Tournee, den sie miterleben und auf den sie sich lange schon gefreut haben. Das macht jeden Abend zu einem besonderen. Mey spricht von einem »hohen Fest«.

Ein Fest muss vorbereitet sein. Meys Tagesrhythmus auf Tour gleicht in seiner unbedingten Fokussierung auf den Anlass, das abendliche Konzert, einem mit Überzeugung und Hingabe durchgeführten Ritual. Fast könnte man von säkularen Exerzitien sprechen. »Nur für die zwei Stunden hab ich an diesem Tag gelebt«, lautet eine weitere Zeile aus »Unterwegs«. Dazu gehört, sich vor Ablenkungen aller Art zu hüten. Mey hat erzählt, dass er auf Tour weder Musik hört noch liest, nicht einmal Zeitungen. Dazu gehört auch, Sicherheit in festen Abläufen zu finden – wie dem frühen Ankommen in der Halle oder dem Wohnlichmachen der oft ernüchternd kahlen Garderobe mithilfe persönlicher Gegenstände. Mey reist mit drei Gitarren. Jeden Abend verrichtet eine andere, jeweils neu bespannte ihren Dienst. Um die neuen Saiten einzuspielen, vor allem aber wohl, um sich seiner selbst zu versichern, spielt Mey nach dem Soundcheck das komplette Programm in der Garderobe einmal durch. Was bedeutet, dass eine Tour von sechzig Tagen eigentlich 120 Konzerte umfasst hat, die Hälfte davon mit Publikum, die andere ohne.

Wenn es 20 Uhr ist und das Licht im Saal ausgeht, stürmt Mey im Laufschritt auf die Bühne, denn er ist das alte Kind, das pünktlich alle zwei Jahre um acht nach Hause kommt. Vielleicht sind auch drei Jahre oder fünf vergangen seit dem letzten Konzert in dieser bestimmten Stadt, es spielt keine Rolle. Wichtig ist nur, dass die alte Begrüßungsformel »Da bin ich wieder!« noch immer funktioniert; dass es sowohl der Auftretende als auch die Zuschauer einigermaßen heil durch die Zeit geschafft haben. Kein kleines Wunder. Ein einziges Mal hat Mey davon auch auf der Bühne gesprochen, verklausuliert, denn er ist ein überaus diskreter Künstler, aber man hörte in seiner Stimme die Bewegtheit. Während der Konzerte zum Album *Mairegen* im Herbst 2011 war das, und wohl jeder im Saal hat damals gewusst, was gemeint war:

> Ich liebe es, mit den Worten ›Da bin ich wieder‹ anzufangen, weil es gibt mir das Gefühl, dass ich genau an der Stelle weitermachen kann, wo ich vor drei Jahren aufgehört habe, nämlich direkt bei der Zugabe. […] Und ich denke: Alles ist

> wie immer. Dabei weiß ich natürlich genau, dass nichts wie immer ist. Weil: Nie ist etwas wie immer. Das Einzige, das immer wie immer ist, ist, dass immer alles anders ist. Ich wusste nicht mal, ob ich wie immer singen können würde, als ich mich auf die Reise gemacht habe. Aber ich kann. Ich habe fünfundvierzig Jahre geübt, damit ich heute Abend singen kann.

Gib mir Musik! hieß später das Livealbum zur Tour. In einer Studioversion war der Titelsong bereits 1996 erschienen, jetzt stand er am Anfang der Konzerte, und Mey hatte eine neue dritte Strophe geschrieben. Denn es gibt Momente, da hat man Musik noch viel, viel nötiger als nachts um drei in einer leeren Hotelhalle, heimstolpernd nach einem Fest. Nämlich dann, wenn sie zum einzigen Rettungsring wird, der überhaupt noch erreichbar ist an einem Tag, »wo dir das Leben scheinbar durch die Finger rinnt«.

Die neue Strophe von »Gib mir Musik!« hat Eingang ins offizielle Songbuch gefunden. Andere im Konzert vorgenommene Textänderungen sucht man dort vergebens, obwohl es sie immer wieder gegeben hat:

> Ich empfinde das Lied als fertig, wenn ich es meiner Frau vorgespielt und es aufgenommen habe, es ist wie ein Bronzeguss oder ein Abdruck, der, einmal ausgehärtet, nicht mehr verändert werden will. In einem Konzert macht es natürlich Spaß, mal zu improvisieren, einen aktuellen Bezug einzufügen oder einer Strophe eine unerwartete Wendung zu geben.

Etwa wenn der Mörder einmal weder der Gärtner noch der Butler ist, sondern der Klempner – »man lernt auch nach Jahren dazu«. Oder wenn Anfang 1991 die völlig überflüssigen Anträge auf Erteilung eines Antragformulars nicht mehr zum Einstampfen ans Oberverwaltungsamt zurückgehen, sondern, »eine kleine bürokratische Entwicklungshilfe«, rübergeschickt werden nach Dresden, Jena, Leipzig und Halle. Oder wenn 2014 mit dem »Rüpelrapper« schon die mindestens übernächste Generation von Entertainern dem Technik-Overkill auf der Bühne Tribut zollen muss, während der Bänkelsänger sein Publikum noch immer mit einem »Stück Musik von Hand gemacht« unterhält.

Nachhören lassen sich diese und andere Varianten auf den vielen Live-Doppelalben, mit denen Mey seit 1971 seine Tourneen dokumentiert. Seit Anfang der 1990er Jahre ist die Reihe lückenlos. Die im Vergleich zu den Schallplatten längere Laufzeit der CDs ermöglichte es Mey, auch die jeweils zwischen den Liedern gesprochenen Texte festzuhalten:

> Die Worte schaffen die Verbindung der Lieder untereinander, sie bilden sozusagen die Choreographie des Programms. Es sind Kommentare, Fußnoten oder Hinweise auf ein Zitat – und in jedem Programm naturgemäß anders.

Immer jedoch sind sie weit mehr als bloße Ansagen oder gar das bei anderen Acts übliche Pingpongspiel mit den Zuschauern. Sie liefern den Hintergrund zur Entstehung einzelner Stücke, eröffnen dem Gesungenen zusätzlichen Horizont und sorgen für den thematischen Zusammenhang. In ihrer Dauer den gesungenen Stücken manchmal ebenbürtig, machen diese Texte aus einer bloßen Aneinanderreihung einzelner Lieder etwas Größeres, eine Erzählung, an der das Publikum nun schon so lange als Adressat seinen Teil hat. »Danke, Ihr Lieben!

Passt auf euch auf, ich brauche euch!«, lautete Meys Abschiedsgruß bei der Tournee 2017.

Nimmt man sich die Livealben in chronologischer Reihenfolge vor, entfaltet sich ein ganzes Künstlerleben. Von Tour zu Tour, von Livealbum zu Livealbum, scheint sich kaum etwas geändert zu haben, doch sieht man zurück und überblickt das Gesamtbild, merkt man, wie weit der Weg war, den Mey zurückgelegt hat. Auch davon, wie es sich leben ließ im Deutschland der Siebziger-, Achtziger-, Neunziger-, Nuller-, Zehner- und hoffentlich auch gesamten Zwanzigerjahre handeln diese Platten. Was uns wichtig war, was uns umgetrieben, erzürnt oder erfreut hat: Mey hat es festgehalten, und wir können es uns von dieser Stimme erzählen lassen. Von der Stimme, die einmal nicht gekannt zu haben wir uns nicht mehr vorstellen können.

Das Erzählen geschieht ohne Erinnerungsstütze. Mey verzichtet auf einen Teleprompter. Er lernt alle Texte vor einer Tour auswendig, ob ein Lied nun drei Strophen hat oder dreizehn. Eine enorme Gedächtnisleistung, führt man sich vor Augen, dass ein einziges Konzert, so hat es Mey selbst einmal ausgerechnet, einen Textkorpus von rund einhundert DIN-A4-Seiten präsentiert.

> Das Auswendiglernen fiel und fällt mir nicht leicht, es ist Arbeit. Echte Arbeit, aber sie macht mir Freude, und später auf der Bühne ist es jedes Mal aufs Neue das Erleben und Erzählen der Geschichte. Selbstdisziplin und Übung helfen, bei der emotionalen Achterbahnfahrt nicht aus der Kurve zu fliegen.

Nur bei den Zugaben kam früher gelegentlich ein Notenständer zum Einsatz. Darauf lagen dann die Textblätter für ein neues Lied. Dass Mey es geschrieben hatte, weil er fürchtete, nicht genug Material für die Tour zu haben, mochte man angesichts seines immensen Katalogs nie so recht glauben.

> Vielleicht geschah es tatsächlich aus dieser Angst heraus, aber viel mehr glaube ich, sie sind aus Spaß an der Freude, aus kindlichem Übermut entstanden. Inzwischen ist es so, dass ich so viele Lieder habe, die ich gern singen möchte, aber das Publikum auch nicht erschlagen will und mich mit der undankbaren Aufgabe rumschlage, zu entscheiden, welche Lieder ich schweren Herzens weglassen muss.

Den kindlichen Übermut hört man diesen auf den letzten Drücker geschriebenen Zugabe-Songs fast immer an. Mit Ausnahme von »Alles ist gut« fallen sie durchweg ins satirische Fach. Sie sind wie ein Loslassen nach dem perfekt gefügten Hauptprogramm. Schon ihre Titel sind sprechend: »Rundfunkwerbung-Blues«, »Warum passiert immer nur alles mir«, »Irgendein Depp mäht irgendwo immer«, »Männer im Baumarkt«, »Man kann nicht immer nur die Wahrheit sagen«.

Wenn Mey sie singt, ist es im Saal taghell. Die Zugaben finden bei angeschalteten Deckenlampen statt. Wer gehen möchte, darf gehen, heißt das, und soll nicht gezwungen sein, sich heimlich davonzustehlen oder ins Klatschen nach einem weiteren Lied einzustimmen. Gleichzeitig löst sich dadurch aber auch die im Dunkeln so kompakte Zuschauermenge in lauter einzelne Menschen auf. Kurz vor Ende des Konzerts, kurz bevor sich die Wege wieder trennen, begegnen sich der Sänger und sein Publikum im Licht.

»Leb wohl, adieu, gute Nacht« – Epilog

Man muss schon genau hinhören, um es zu verstehen. »Rein*hard* Mey«, singt Rio Reiser. Betonung auf der zweiten Silbe. Manch einem dürfte der in Reisers Hit »König von Deutschland« (1986) enthaltene Gruß an den Kollegen schlicht aus lautlichen Gründen entgangen sein. Die Liste mit den Vorhaben des künftigen Königs Rio I. war auch lang: zwei Wannenbäder pro Tag, tägliches Wechseln der Krone, Vorhersagen der Lottozahlen, Ronnie mal wie Waldi in die Waden beißen. Aber Nebenjobs galt es eben auch noch zu vergeben: »Reinhard Mey wäre des Königs Barde«.

Mey hat auf die Zeile reagiert. 2005 coverte er für ein Tributalbum das düstere »Zauberland«, sein Lieblingslied von Rio Reiser, der da schon fast zehn Jahre tot war: »Ich hätte es ihm so gern vorgesungen.« Als »des Königs Barde« hätte sich Mey wohl dennoch nicht verdingt, nicht einmal an Rios Hof. Reiser, der schon mit Ton Steine Scherben gegen Zwänge und Abhängigkeiten jeglicher Art aufbegehrt hatte, wäre ihm deswegen nicht böse gewesen, davon kann man ausgehen. Und eine Ansage wie die von Mey zu »Gib mir Musik!« aus einem Konzert 1996 hätte sicher auch er unterschrieben:

> Ich brauche Musik zum Leben und zum Überleben. Solange ich denken kann, hat mich Musik getröstet, glücklich gemacht, wieder aufgebaut, wenn ich niedergeschlagen war. […] Und ich weiß, dass ich ihr alles verdanke – das Geschenk, dass ich hier stehen darf; das Geschenk meiner Freiheit; das Geschenk, dass ich niemands Herr und niemands Knecht bin.

Vielleicht nicht »grenzenlos«, aber auf alle Fälle beachtlich ist die Freiheit, die sich Mey in seiner Karriere erarbeitet hat. Lange Zeit schon spielt er das Spiel ausschließlich nach seinen eigenen Regeln. Beispielsweise bekommt die Plattenfirma ein neues Album erst zu hören, wenn es komplett fertiggestellt, aufgenommen und abgemischt ist, vorher nicht. Und selbst dann gilt das Prinzip: »Nehmt es, wie es ist, oder nehmt es nicht«. Leisten kann sich so eine Position der Stärke nur, wer wie Mey dauerhaft Erfolge vorzuweisen hat. Er und sein Publikum hielten länger durch als manche Plattenfirma. Bei der Stuttgarter Intercord gehörte Mey 1967 zu den ersten unter Vertrag genommenen Künstlern. Er blieb dreißig Jahre und zwanzig Alben. Er wäre wohl auch noch länger geblieben, hätte es Ende des Jahrtausends nicht die Übernahme der Intercord durch die EMI gegeben, die dann bald schon ihrerseits übernommen wurde, von Universal. Mey überstand die Turbulenzen unbeschadet und veröffentlichte seine Platten weiterhin im eigenen Rhythmus. Seit *Einhandsegler* (2000) erscheinen sie in vereinheitlichtem Design: Künstlername immer in Schreibschrift, Coverfoto meistens von Jim Rakete.

Freiheit beinhaltet auch die Freiheit, nein sagen zu können. »Änderungen, Umtextungen und Bearbeitungen von Text oder Musik«, erklärt Meys Homepage, »können grundsätzlich nicht genehmigt werden.« Eigentlich eine Selbstverständlichkeit. Dennoch musste bereits hin und wieder einer, der sich einen Jux aus »Über den Wolken« oder aus einem anderen von Meys Titeln machen wollte, noch einmal mit Nachdruck darauf hingewiesen werden. Man kann das dann wie die Boulevardpresse zum Skandal aufbauschen: »Mey hetzt Anwälte auf XY«. Oder man kann es als das begreifen, was es ist – als berechtigten Versuch, die eigene Integrität und die des Werks zu bewahren.

Um glaubwürdig zu bleiben, sollte diese Integrität umgekehrt dann aber auch nicht den Lockungen des Geldes geopfert werden. Mey weiß das. Auf den Tickets zu seinen Konzerten finden sich keine Logos von Tour-Sponsoren; seine Stimme oder seine Lieder wird man niemals in der Werbung hören. Auch wenn viele, die in den 1980er Jahren Fernsehen geschaut haben, noch immer vom Gegenteil überzeugt sind. Ein Versicherungskonzern wollte Mey damals als Geschichtenerzähler für seine TV-Spots gewinnen, in denen jemand sein Auto in einen Tomatenstapel lenkte, auf eine Bananenschale trat oder sich mit dem Nachbarn wegen eines überhängenden Kirschbaums stritt. Doch Mey winkte ab. Woraufhin es zu einer Art feindlicher Übernahme kam. Seitens der beauftragten Werbeagentur tat man einfach so, als hätte man nie von Meys Absage gehört. In den fertigen Spots sang jemand mit Reinhard-Mey-Stimme Lieder, die versuchten, in Diktion, Storytelling und Instrumentierung dem Original so nahe wie möglich zu kommen. Dass sich ausgerechnet ein enger musikalischer Freund Meys dazu hergab, als Arrangeur der Werbesongs die Illusion zu perfektionieren, machte die Sache nicht besser, sondern auch noch zu einem Vertrauensbruch.

Wobei – ein einziges Mal war auch Reinhard Mey in der Werbung zu bewundern. Lange ist das her, so lange, dass sich selbst im Internet keine Fotos mehr von der Kampagne für eine bestimmte Jeansmarke finden lassen. Das Ganze diente sowieso einem guten Zweck. Mey reichte die ansehnliche Summe, die er gefordert und die man ihm anstandslos bezahlt hatte, in voller Höhe an den Kinderschutzbund weiter.

Mittlerweile unterstützt Mey mit den Erlösen aus eigenen Veröffentlichungen diverse Wohltätigkeitsorganisationen. Fünf Benefiz-Sampler sind bislang erschienen, kuratierte, themenbezogene Auswahlalben. *Mein Apfelbäumchen* (1989), das erste in der Reihe, widmet sich dem Thema Kinder. Es ist Meys erfolgreichste Veröffentlichung überhaupt. Die Einnahmen aus *Mein Apfelbäumchen* summierten sich über die Jahre zur größten Einzelspende in der Geschichte der Kinderkrebshilfe, und noch immer kommen Erträge dazu. Andere Erlöse aus Plattenverkäufen gingen an die Kinder-Aidshilfe, an den Verein Dunkelziffer, der sich für sexuell missbrauchte Kinder einsetzt, an die SOS-Kinderdörfer und an die Bodelschwinghschen Stiftungen. Zudem gab und gibt Mey immer wieder Benefizkonzerte.

Eines davon, der Auftritt für die von Karlheinz Böhm gegründete Stiftung Menschen für Menschen am 2. November 2008 im Münchner Circus Krone, wurde später in Auszügen auch auf DVD veröffentlicht. Beigegeben ist den Konzertaufnahmen Dagmar Wittmers' Dokumentation der *Bunter Hund*-Tournee. Ein nur dreißigminütiger Film, doch er schafft es, den Zuschauer mit auf die Reise zu nehmen und ihm zu vermitteln, was es heißt, sechzig Konzerte in sechzig Tagen zu geben. Die Kamera folgt dem Tross bis nach Österreich, die letzten Auftritte finden in Innsbruck und Feldkirch statt. Und Mey reflektiert über das Ende der Tour:

Ich freu mich auf den letzten Abend, und der gehört mit dazu, der ist ein ganz besonders wichtiger. Und wenn der vorbei ist, dann schneide ich mir die Fingernägel an der rechten Hand ab, motte die Gitarre erst mal wieder ein und werde wieder Hausmann und bin glücklich dabei. Ich falle in kein schwarzes Loch. Ich falle in die Arme meiner Frau, komme nach Hause und lebe wieder ein ganz anderes Leben. Ich habe erkannt, dass nach dem sechzigsten Tag das Licht ausgehen muss, und dann muss ich wieder der Reinhard sein, der in seinen Fuchsbau zurückkehrt.

Man glaubt Mey diese Gelassenheit. Und es muss kein Widerspruch sein, dass man ihm genauso die Melancholie glaubt, die in seinen Liedern übers Abschiednehmen steckt. »Leb wohl, adieu, gute Nacht« handelt von der Kehraus-Stimmung nach einem Konzert. Der Saal hat sich geleert, die Menschen sind gegangen. Der Pförtner hängt schon die Hinweise für den nächsten Abend in den Schaukasten. Hinter der Bühne brennt noch eine Arbeitslampe, aber ihr Licht ist fahl, und durch das für den Truck geöffnete Hallentor dringt empfindlich kühle Luft herein: »Worte und Lieder sind nun lang verklungen, / Lange verklungen der Applaus. / Sie sind schon ferne Erinnerungen, / Ich bin ein Fremder in dem stillen Haus.«

Mey hat das Stück bei einigen Konzerten ganz zuletzt gesungen, bei angeschaltetem Saallicht. Manchmal, in sternklaren Nächten, konnte es vorkommen, dass Manfred Leuchter seinen Platz hinter dem Mischpult verließ und auf die Bühne kam. Dass er sich ans Klavier setzte oder, wenn keines in der Nähe war, sein Akkordeon nahm und Mey zur Seite stand beim Lebewohl-Sagen. Auch »Gute Nacht, Freunde« gehörte oft zu den Schlussliedern, natürlich. Und »Viertel vor sieben«, diese Beschwörung sorgloser Kindheitstage, die von der tiefen Sehnsucht erzählt, nach Hause zu kommen.

»Die Jungs hinter der Bühne haben mir gesagt, ich soll mich beeilen, weil vielleicht der eine oder andere unter Ihnen noch den Fußball sehen will. Also gut, dann lasse ich mich nicht lange lumpen und fange gleich an«, hört man Mey am Ende der Live-LP *Die große Tournee '86* sagen, noch etwas atemlos vom Weg in die Garderobe und wieder zurück auf die Bühne. Dann singt er »Die Zeit des Gauklers ist vorbei«, das wehmütigste seiner wehmütigen Abschiedslieder, denn es weiß darum, dass alle guten Dinge enden müssen: »Und das Fest, das wir endlos wähnen, / Hat doch wie alles seinen Schluss. / Nun, keine Worte, keine Tränen, / Alles kommt, wie es kommen muss.«

Ich nahm das Lied mit, wenn ich aufstand von meinem Platz auf der Empore, wenn der Polstersitz nach oben klappte und ich die Treppe hinunterging ins Foyer. Wenn ich die Liederhalle verließ und in mein Leben zurückkehrte. Es war nicht weit, ein Fußweg durch den Stuttgarter Westen an einem Oktober- oder Novemberabend kurz vor 23 Uhr, vielleicht war es 1986, vielleicht auch 2008. Am nächsten Morgen würde Reinhard Mey schon wieder unterwegs in eine neue Stadt sein, in der man ihm und seinen Liedern ein Quartier gab.

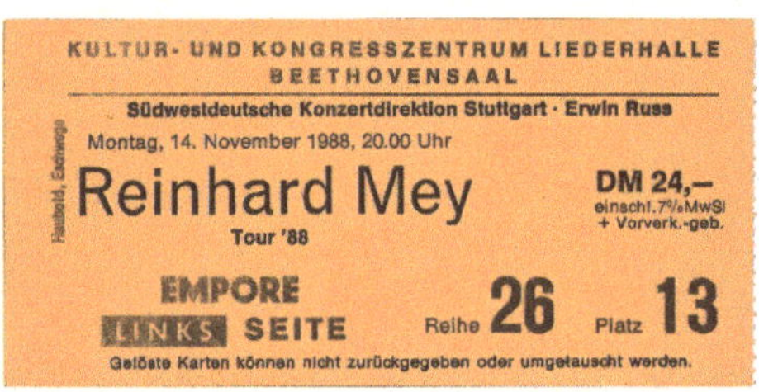

Lektüretipps

Von Reinhard Mey:

Alle Lieder. 14., erw. Edition. Berlin: edition Reinhard Mey, 2016. (Sammlung der Liedtexte bis zum Album *Mr. Lee*; auch online verfügbar unter: https://www.reinhard-mey.de/texte-fuer-alle.)

Ich wollte wie Orpheus singen – Lieder und Chansons. Ausgewählt und mit einem Nachwort von Oliver Kobold. Ditzingen: Reclam 2022. (Auswahlausgabe in Reclams Universal-Bibliothek, 46 Texte aus den Jahren 1964–2020. Alle längeren und nicht eigens gekennzeichneten Zitate im vorliegenden Band entstammen einem während der Entstehung dieser Auswahlausgabe mit Reinhard Mey geführten Mailwechsel.)

M., R. / Schroeder, Bernd: Was ich noch zu sagen hätte. Köln: Kiepenheuer & Witsch 2005 (Taschenbuchausgabe 2007). (Gesprächsbuch, das die wichtigsten Stationen von Meys Leben nachzeichnet.)

Über Reinhard Mey:

Alsmann, Götz: Reinhard Mey. Text zur 4-CD-Compilation *Über den Wolken – Lieder aus 4 Jahrzehnten von Orpheus bis Rüm Hart* (2003). (Liebevolle und kundige Gesamtbetrachtung; auch online verfügbar unter: https://www.reinhard-mey.de/blog/goetzalsmanns-vorwort-zur-cd-box-ueber-den-wolken-lieder-aus-vier-jahrzehnten.)

Maurenbrecher, Manfred: Eine glückliche Natur. Zum 60. Geburtstag des Liedermachers Reinhard Mey. In: *Der Tagesspiegel*, 21. 12. 2002. (Einschätzungen eines befreundeten Kollegen, die weit über einen bloßen Glückwunsch hinausgehen; auch online verfügbar unter: https://maurenbrecher.com/texte/andere-kuenstler/reinhard-mey-zum-60sten)

DVDs:

2003: Klaar Kiming live. (Enthält das komplette Konzert aus dem Dresdner Kulturpalast vom 18. 10. 2002 sowie, als Bonus, Interviews und Blicke hinter die Kulissen.)

2009: Danke liebe gute Fee. (Enthält neben Ausschnitten des Konzerts aus dem Münchener Circus Krone vom 2. 11. 2008 auch eine sehenswerte Tourdokumentation von Dagmar Wittmers.)

»Udo Jürgens war schon früh einer meiner Favoriten, und noch heute höre ich ihn, als sei es vorgestern gewesen, voll Zuversicht sein *Immer wieder geht die Sonne auf* schmettern.«

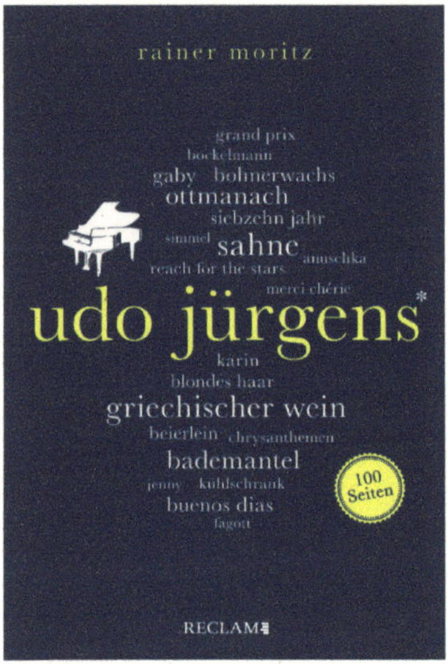

Rainer Moritz
Udo Jürgens. 100 Seiten
100 S. · 15 farb. Abb. und Infografiken
Broschiert
11,4 × 17 cm
ISBN 978-3-15-020671-3